나무 박사 박상진 교수의
재미있는 나무 이야기

# 오자마자 가래나무 방귀 뀌어 뽕나무

박상진 글 | 김명길 그림

주니어김영사

| 작가의 말 |

## 나무는 우리 곁에 있어요

우리나라는 어디에서든 고개를 들면 산과 마주해요. 먼 옛날부터 산의 주인은 나무였어요. 나무마다 생김이 다르고 살아가는 방식이 달라도 함께 모여 숲을 이루었어요.

그동안 대학교에서 학생들을 가르치면서 나무와 함께 보낸 시간이 벌써 40년이 넘었어요. 처음에는 나무의 속을 현미경으로 들여다보는 목재 조직학에서 시작해, 나무의 바깥 모습을 연구하는 수목학까지 두루 공부하게 되었어요.

최근 들어 자연과 환경의 중요성이 부각되면서 나무에 대한 관심이 높아졌어요. 그래서 어린이도 쉽게 읽을 수 있는 나무 이야기를 담고 싶어서 이 책을 쓰게 되었지요. 나무 하면 보통 떠오르는 '푸르름'이 아닌, 나무 자체의 이야기를 하고 싶었어요. 그러다 보니 재미있고 유익한 나무 이야기가 있어야 할 것 같았지요.

이 책에는 우리 문화와 역사 속 나무들의 이야기가 많이 나와요. 틈틈이 역사책과 고전을 읽고, 자연과 학자가 바라보는 나무살이의 여러 사연을 조금씩 정리해 나갔어요. 우리 문화와 역사 속에서 펼쳐지는 나무의 세계는 아주 깊고 넓었어요. 《삼국유사》 《삼국사기》 《고려사》 《조선왕조실록》 등을 보며 기록을 찾고 정리했지요. 그 속에는 놀랍게도 재미거리 뿐만 아니라 선조의 삶을 들여다볼 수 있는 자료가 들어 있었어요.

이 책의 구성은 나무의 생태, 문화 속의 나무, 나무와 환경으로 구분되어 있

어요. 1장 나무의 생태에서는 나무에 관한 기본 지식을 알 수 있게 했고, 2장 문화 속의 나무에서는 우리 역사 속에서 나무가 어떻게 살아왔는지, 쓰임은 어떠했는지 등을 실었어요. 마지막 장 나무와 환경에서는 나무가 우리 삶에 미치는 영향을 담았답니다.

  여러분이 이 책을 읽고 여러분 곁에 있는 나무를 조금 더 이해하고 사랑할 수 있게 되기를 바랍니다.

박상진

# 차 례

## 1장 나무의 생태

나무와 풀은 이렇게 달라요 …12
나무도 잠을 자나요? …14
나무도 숨을 쉬어요 …15
옆으로 자라는 나무도 있어요 …16
나뭇가지는 왜 생기나요? …18
나무껍질은 어떤 역할을 하나요? …20
가시나무에는 가시가 없어요 …22
나무는 꼭대기까지 어떻게 물을 공급할까요? …24
나무는 이렇게 자손을 퍼뜨려요 …26
잎이 없으면 나무는 못 살아요 …28
나뭇잎의 색은 왜 변하나요? …30
낙엽수와 상록수 어느 쪽이 더 좋을까요? …32
가을에 떨어지는 낙엽도 중요한 역할이 있어요 …34
겨울에 꽃을 피우는 동백나무 …36
나무의 물은 나무에게 …38
간지럼나무는 간지럼을 잘 타나요? …40
혼자만 잘 살겠다는 비정한 칡덩굴 …42
얌체 나무 겨우살이 …44
나무에도 암수가 있어요 …46
벌레를 잡아먹는 식충 식물도 있어요 …47
나이테는 왜 생기나요? …48

## 2장 역사와 문화 속의 나무

옛날에는 나무에게도 벼슬을 내렸어요 …52
'사랑나무'라고 하는 연리지는 어떻게 만들어졌나요? …54
거리를 알려 주는 오리나무와 시무나무 …56
배고픔을 달래 주던 열매, 도토리 …58
대추나무를 왜 양반나무라고 부르나요? …60
귀신들을 쫓는 나무 …62
나무 이름은 어떻게 지었나요? …64
오자마자 가래나무, 방귀 뀌어 뽕나무 …66
전기 대신 사용한 쉬나무 …68
나무 조각으로 바위를 쪼갰어요 …70
옛날 학생들은 어디에 글씨를 썼을까요? …71
한지는 어떻게 만드나요? …72
'책'이란 말은 어디에서 유래되었나요? …74
자작나무 껍질에 그린 천마도 …76
해인사 팔만대장경판을 만든 산벚나무 …78
달나라에는 정말 계수나무가 있어요? …80
소나무로 만든 거북선 …82
비단을 만드는 나무가 있다고요? …84
일본에서 전해진 오동나무 이야기 …86
향기를 풍기는 향나무 …88
적군을 막은 탱자나무 …90

훈장님의 회초리, 물푸레나무 …92

화석식물이란 어떤 식물이에요? …94

종이는 어떻게 만들어요? …95

'칡'과 '등나무'의 갈등 …96

쌀나무에서는 진짜 쌀이 열리나요? …98

정말 빵나무가 있나요? …99

## 3장 나무와 환경

나무를 심어 숲을 만들면 어떤 점이 좋을까요? …102

세계에서 가장 크고 넓은 숲, 아마존 숲 …104

비 오는 날 큰나무 아래에 있으면 위험해요 …106

날씨를 예보해 주는 나무 …108

황사를 막아 주는 숲을 만들기 위해 어떤 나무를 주로 심나요? …110

점점 줄어드는 토종나무 …111

자외선은 나무에게도 해로워요 …112

잎이 넓은 나무는 내뿜는 산소 양도 많은가요? …113

이산화탄소를 특별히 많이 흡수하는 나무도 있나요? …114

큰 나무는 어떻게 태풍을 견디나요? …116

숲 속의 공기는 도시보다 맑아요 …117

숲 속의 질서를 어지럽히는 나무도 었어요 …118

나무 한 그루가 내뿜는 산소의 양은 얼마나 되나요? …119

나무도 텃새를 부려요 …120

추운 겨울을 나무는 어떻게 버티나요? …122
몸에 좋은 삼림욕은 어떤 나무로 해야 하나요? …124
물이 부족한 사막에서 자라는 선인장 …125
나무들은 주변의 온도를 내려요 …126
숲은 거대한 녹색 댐이에요 …127
바위 위에서 살고 있는 나무는 어떻게 뿌리를 내렸나요? …128
숲은 살아 있는 방음벽이에요 …129
플라타너스는 공해나무가 아니에요 …130

# 1장
## 나무의 생태

나무는 여러해살이 식물이에요. 몇 년에서 길게는 몇 천 년까지 사는 나무들도 있어요. 나무들은 어떻게 꽃을 피우고, 자손을 퍼뜨리는지 알아보아요.

## 나무와 풀은 이렇게 달라요

지구 상에 살고 있는 식물의 수는 자그마치 50만 종이 넘어요. 이들 가운데 종자를 생산하는 식물은 크게 나무와 풀, 둘로 구분해요.

나무는 뿌리에서 잎까지 양분과 수분을 운반할 수 있는 기관, 즉 관다발이라는 조직을 적어도 수십 년 동안 가지고 있어야 해요. 관다발은 껍질 바로 아래에 있는 부름켜를 기준으로 바깥쪽은 체부, 안쪽은 목부를 만들어 내면서 평생 지름을 키워 나갑니다. 그래서 나무라면 적어도 몇 년에서 길게는 몇 천 년까지 오랫동안 살아 있어야 하지요.

풀은 관다발은 있지만 부름켜가 없어요. 그래서 지름을 키우지 못한답니다. 봄에 싹이 나 꽃을 피우고 열매를 맺은 뒤 대부분 그 해 가을에 죽어 버리지요. 종류에 따라서 땅속에 뿌리를 두고 해마다 다시 싹이 나오는 풀도 있어요. 대부분 1년 단위, 적어도 몇 년이라는 일정 기간을 두고 죽어 버리는 식물은 풀이에요. 좀 더 쉽게 구분하자면 겨울에도 땅 위의 줄기가 살아 있는 식물은 나무이고, 겨울에 줄기가 죽어 버리면 풀이라고 보면 된답니다.

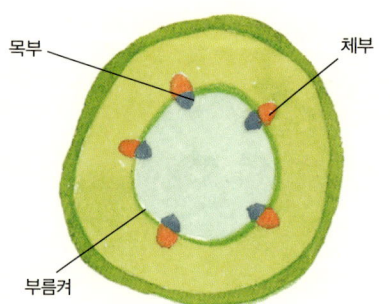

관다발

## 나무도 잠을 자나요?

잠을 잔다는 것은 뇌가 활동하지 않고 쉬는 것을 뜻해요. 그런데 나무에는 동물처럼 뇌가 없어서 사람이나 동물이 자는 의미의 진짜 '잠'은 자지 않아요.

그러나 잠과 비슷한 현상은 있어요. 첫 번째는 '휴면'이에요. 동물의 겨울잠과 같은 현상이지요. 나무는 봄에서 가을까지 광합성을 해서 꽃을 피우고 열매를 맺고 덩치를 키우다가 겨울이 되면 활동을 멈추고 다음해 봄까지 쉬어요. 이 기간이 '동물의 잠'에 해당해요. 두 번째는 밤이 되면 마주 보는 잎이 닫히고 낮이 되면 잎을 펴는 나무들이 있어요. 이런 것을 '수면 운동'이라고 해요. 나무들이 이렇게 하는 이유는 수분이 너무 많이 날아가는 것을 줄이기 위한 거예요. 자귀나무는 수면 운동을 하는 대표적인 나무예요.

자귀나무 잎(낮) 잎을 열고 있어요.

자귀나무 잎(밤) 잎을 닫아요.

## 나무도 숨을 쉬어요

　나무도 숨을 쉬어요. 그런데 동물처럼 코로 숨을 쉬는 것이 아니라 잎, 줄기 심지어 뿌리까지 곳곳에 수많은 숨구멍을 두고 숨을 쉰답니다. 그럼 나무의 숨소리도 들을 수 있는 걸까요? 아쉽지만 나무의 숨소리는 우리가 들을 수 없답니다. 수도 없이 많은 숨구멍을 통해 공기가 들락거리기 때문에 소리가 나지 않아요.

　그런데 숲에 가면 '쏴쏴' 하는 소리를 들을 수 있을 거예요. 그건 나무의 숨소리가 아니라 바람 소리예요. 시인들은 이 소리를 두고 숲이 '숨을 쉰다.'는 표현으로 시를 짓기도 하지요.

## 옆으로 자라는 나무도 있어요

　땅 위의 모든 물체는 지구가 잡아당기는 중력의 영향을 받아요. 그래서 사람도 공중에 떠다니지 않고 땅에 붙어서 걸어 다니지요. 뿌리를 땅에 박고 살아가는 나무는 지구가 끌어당기는 힘의 반대 방향으로 자라요. 그래서 나무는 대부분 하늘을 향해 곧게 서 있어요.

　그런데 땅바닥을 기어가며 자라는 나무들이 있어요. 아예 누워서 옆으로 자라는 나무들이지요. 눈주목, 눈잣나무, 눈향나무 등이에요. 이 나무들의 이름 앞에는 모두 '눈(누운)'이라는 말이 붙어 있어요. 설악산이나 소백산 같은 높은 산꼭대기에서 주로 자라는데 이 나무들도 처음부터 누워서 자랐던 것은 아니에요. 주목, 잣나무, 향나무 등 곧게 자라는 나무들이 조상이었는데 새나 동물들에게 종자가 먹혀 높은 산꼭대기로 옮겨지면서 이렇게 되고 말았어요. 높은 산꼭대기에 부는 억센 바람이 나무가 곧게 자라는 걸 그냥 둘 리가 없지요. 나무들이 몇 대가 지나는 동안 억센 바람이 한쪽 방향으로 계속 쓰러트리니 영영 일어날 수 없게 된 것이지요. 그래서 고산 지대에서 자라는 나무는 대부분 키가 자라지 못하고 옆으로만 자란답니다.

곧게 자라는 주목과 눈주목(아래) ▶

## 나뭇가지는 왜 생기나요?

　나무는 뿌리와 줄기, 가지, 잎이 연속으로 이어져 살아가지요. 뿌리에서 빨아들인 수분과 영양분을 나무 꼭대기까지 올려 보내고 잎에서는 광합성을 한답니다. 광합성을 하려면 물과 햇빛과 이산화탄소가 필요해요. 이중에서 나무들은 햇빛을 가장 많이 차지하려고 경쟁한답니다. 햇빛을 누가 더 많이 받느냐에 따라 나무는 삶과 죽음이 갈린답니다. 이럴 때 나무는 가늘고 말랑말랑한 가지를

**잎차례**

**마주나기**
줄기 한 마디에 두 장의 잎이 마주 보게 나요.

**어긋나기**
줄기 마디마다 잎을 한 장씩 피우되 서로 어긋나게 피워요.

적극적으로 활용하지요. 공간을 잘 활용해서 가지를 위로 잘 뻗어야 해요. 그래야 꼭대기에 달린 잎이 해와 마주하는 시간이 길어지거든요. 한마디로 나무가 가지를 뻗는 이유는 햇빛을 많이 만나기 위한 나무의 중요한 일입니다.

  나무마다 가지를 뻗는 방식은 여러 가지예요. 어긋나기, 마주나기, 돌려나기 등 입니다. 또 히말라야시다처럼 가지가 주로 옆으로 뻗기도 하며 노간주나무처럼 가지가 빗자루처럼 위로만 뻗는 경우도 있지요.

**돌려나기**
석 장 이상의 잎이 줄기를 기준으로 돌려나요.

**모여나기**
잎이 한 곳에 모여나요.

## 나무껍질은 어떤 역할을 하나요?

나무의 껍질은 사람이 입는 옷이나 동물의 털처럼 나무의 몸을 보호해 주는 역할을 해요. 추울 때는 얼지 않게 해 주고 수분이 날아가는 것을 막아 주는 아주 중요한 부분이에요. 또 껍질 밑에는 부름켜가 있어서 안팎으로 계속 새로운 세포를 만들어 내지요. 부름켜가 바깥쪽으로 분열한 세포들을 체부라고도 부르는데, 나무가 굵어지면 나무껍질 혹은 수피라고 해요. 껍질을 가로로 잘라 보면 단단하고 거칠며 바짝 말라 있는 겉껍질과, 부드러우면서 수분을 많이

껍질이 얼룩덜룩한 플라타너스 수피

껍질이 더덕더덕 붙어 있는 물박달나무 수피

갖고 있는 안 껍질로 이루어져 있어요. 안 껍질은 광합성으로 만들어진 양분이 옮겨가는 길이 되거나 저장 기능을 갖는 살아 있는 세포가 모여 있어요. 그러나 시간이 지나면서 안 껍질 세포도 차츰 죽어 버리지요. 이렇게 죽은 세포가 층층이 쌓여서 겉껍질이 된답니다. 딱딱하고 탄력성이 없는 겉껍질은 나무가 굵어지면서 마치 상처의 딱지가 떨어지듯 껍질 표면에서 조각조각 계속 떨어져 나갑니다. 큰 나무 밑에 가서 자세히 살펴보면 겉껍질 조각을 찾을 수도 있답니다. 겉껍질은 나무마다 모양이 제각각이에요. 거북등처럼 쩍쩍 갈라진 소나무껍질, 세로로 길게 골이 지는 편백나무껍질, 얇은 종이를 입혀 둔 것 같은 자작나무껍질 등 나무 종류마다 모양이 독특하고 여러 가지예요.

세로로 길게 골이 지는 편백나무 수피

거북등처럼 갈라지는 소나무 수피

## 가시나무에는 가시가 없어요

나무는 자신을 보호하기 위해서 잎이나 가지, 껍질 등을 가시로 변형시켜요. 가지가 가시로 변한 나무는 탱자나무, 갈매나무 등이 있어요. 이런 가시들은 부러지기는 하지만 잘 떨어지지 않을 정도로 단단히 붙어 있어요. 잎이 가시로 변한 나무는 호랑가시나무이에요.

그 외 턱잎이 가시가 된 아까시나무, 나무 껍질이 가시로 변한 장미, 찔레, 해당화 등도 있어요. 이런 가시는 손으로 떼어 보면 쉽게 떨어진답니다.

이외에도 꾸지뽕나무, 나무딸기 종류, 두릅나무, 매발톱나무, 매자나무, 머귀나무, 시무나무, 실거리나무, 음나무, 피라칸다 등은 가시를 갖고 있어요.

그런데 나무 이름에 가시란 말이 들어있을 뿐 실제로는 가시가 없는 나무가 있어요. 가시나무, 참가시나무, 붉가시나무, 종가시나무는 모두 이름에 가시가 들어가지만 실제 가시는 없습니다. 붕어빵에 붕어가 없는 것과 같아요.

찔레꽃

꾸지뽕나무 가시 ▶

## 나무는 꼭대기까지 어떻게 물을 공급할까요?

큰 나무 중에는 키가 자그마치 백 미터가 넘는 나무가 있어요. 모터 펌프도 없는데 이렇게 큰 나무들은 꼭대기까지 어떻게 물을 끌어올릴까요?

나무는 뿌리에서 물을 빨아들여요. 뿌리 끝부분에 있는 아주 가느다란 뿌리털에서 물을 빨아들이지요. 빨아들인 물은 줄기 속의 물관을 통해 위로 올라갑니다. 나무 줄기 속을 현미경으로 들여다 보아도 물관은 아주 가늘어요. 아무리 굵어도 바늘 굵기 정도이지요. 그나마도 현미경으로 보아도 잘 보이지 않을 정도로 가늘어요. 물관은 다발로 모여 있거나 하나씩 흩어져 있거나 해요. 길이가 1밀리미터가 채 안 되는 물관은 서로 아래위로 연결되어 뿌리에서 줄기와 가지를 거쳐 잎까지 마치 동물의 핏줄처럼 길게

이어져 있어요. 문제는 아래에서 위로 올라갈 수 있는 힘을 확보하는 일이에요. 잎에서 표면의 숨구멍을 통해 수분이 날아가는 증산 작용이 힘의 근원이에요. 물이 증발한 만큼 물관에는 압력이 생겨요. 물관이 가늘수록 힘은 더 세어지고요. 거기다가 물분자는 서로 당기는 응집력이 있어서 중간에 물 공급이 끊어지는 것을 막아 주지요. 결국 나무 꼭대기로 물을 끌어 올리는 힘은 증산 작용, 모세관 현상, 물의 응집력이 모두 합쳐진 협동 작품이에요.

**Tip**

### 대나무는 나무인가요, 풀인가요?

대나무는 곧고 굵게 자라는 모양새나 오래 사는 것을 보면 나무처럼 보여요. 그런데 부름켜가 없고 120년에 한 번 꽃을 피우고 열매 맺고 바로 죽어 버리는 모습은 풀 같기도 해요. 이렇게 대나무는 기준이 애매하지만 식물학적 기준으로는 풀에 더 가까워요. 그래서 식물학자들은 대나무를 풀로 분류한답니다.

대나무

## 나무는 이렇게 자손을 퍼뜨려요

나무는 자손을 퍼뜨리기 위해 씨앗을 많이 만들고 될 수 있는 대로 멀리 보내기 위하여 온갖 궁리를 하지요. 혼자 날아가기, 새 먹이 되기, 큰 동물한테 먹히기 등 여러 가지 방법을 사용해요.

혼자 날아가기의 대표 선수는 버드나무나 사시나무 종류들의 씨앗이에요. 봄에 떠다니는 하얀 솜털을 보고 사람들은 꽃가루라고 하는데, 사실은 버드나무나 사시나무 종류들의 씨앗이 솜털을 달고 날아다니는 거예요. 이리저리 날아다니다가 적당한 곳에 솜털 씨앗이 떨어지면 싹이 터서 자라지요. 단풍나무나 피나무는 아예 열매에 헬리콥터 프로펠러처럼 생긴 날개를 달아 둡니다. 이렇게 하면 바람 불 때 빙글빙글 돌아 멀리 날아갈 수 있거든요.

콩알 크기 정도의 열매를 잔뜩 달고 있는 나무들은 대부분 새가 날아와서 따 먹어 주기를 기다리는 거예요. 쥐똥나무나 팥배나무처럼 열매 가운데에 씨앗을 두고 바깥쪽은 새들이 좋아하는 말랑말랑한 과육으로 둘러싸여 있어요. 새들이 먹으면 과육만 소화되고 단단한 씨앗은 그대로 대변에 섞여서 나가지요.

**단풍나무 열매**
열매 껍질이 날개처럼 되어 있어서 바람을 타고 날아가서 씨앗을 터트려요.

그 외 사과나 배처럼 달콤하고 물이 많은 큰 과일을 만들고 안에 씨앗을 여러 개 넣어 두는 방식이에요. 곰이나 멧돼지 같은 동물들이 씨앗과 함께 통째로 먹고 다른 곳에 가서 '실례'를 하라는 뜻이지요. 새가 먹는 열매와 마찬가지로 씨앗은 소화되지 않으니 대변에 있는 비료를 바탕으로 자손이 잘 자라 주라는 어미의 주문이에요. 그러나 사람들은 씨만 발라내고 먹으니 과일나무 입장에서는 '얌체' 손님이지요.

혼자 날아가기(솜털)

혼자 날아가기(열매)

새 먹이로 옮겨지기

동물의 배설물로 옮겨지기

## 잎이 없으면 나무는 못 살아요

　나무는 큰 덩치를 유지하기 위해 많은 양분을 만들어야 해요. 양분을 만드는 곳은 잎이에요. 잎에는 '잎파랑이'라는 일종의 작은 양분을 만드는 '광합성'이라는 전문 공장을 수없이 가지고 있는데, 공해도 없고 돈도 들지 않은 자연 공장이랍니다. 동물이 다른 동물을 잡아먹거나 풀을 먹어 섭취하는 것과 달리, 나무는 이웃에 폐를 끼치지 않고 혼자서 필요한 만큼의 양분을 만들어요. 여기에는 아무도 사용료를 달라고 하지 않는 햇빛과 탄산가스, 물을 이용하지요.
　잎파랑이는 대부분 초록빛을 가진 나무 잎에 들어 있어요. 색깔이 푸른 어린 가지에도 잎파랑이가 있어서 잠시 광합성을 할 때도 있지만 어디까지나 보조 기

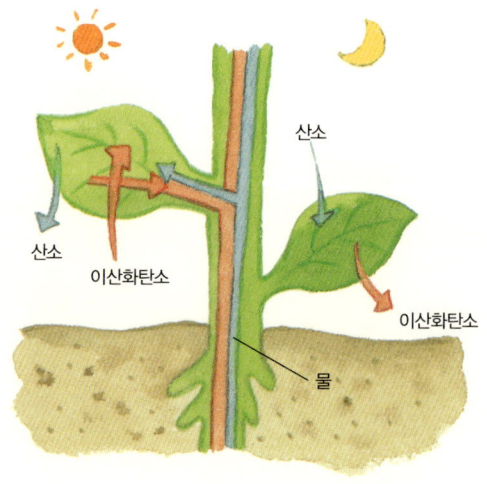

광합성 작용

능일 뿐이에요. 그래서 나무를 보면 푸른 잎이 큰 모자를 쓰듯 잔뜩 펼쳐져 있어요. 특히 여름에 잎이 더 무성해지는 이유는 날씨가 따뜻하고 강한 햇빛이 내리쬐기 때문에 광합성을 더 많이 하기 위한 거예요. 그런데 겨울에는 햇빛이 부족해 광합성을 제대로 할 수 없으니 잎을 달고 있을 필요가 없어져요. 그래서 많은 나무가 늦가을에 잎을 떨쳐내는 거랍니다. 그런데 나무들은 봄이 온 걸 어떻게 알까요? 가지 끝에 있는 겨울눈 속에 있는 옥신이라는 식물 호르몬이 온도 변화를 느끼고 잠자는 겨울눈을 모조리 깨워 알려 준답니다.

반면 어떤 나무들은 일년 내내 푸른 잎을 가지고 있어요. 그런데 푸른 잎을 평생 달고 있는 것이 아니라 몇 년마다 한 번씩은 잎갈이를 해 준답니다. 매년 잎갈이하는데 드는 에너지보다 이렇게 몇 년 간격으로 하는 것이 효과적이라고 판단했기 때문이에요. 한마디로 잎이 없으면 광합성을 할 수 없어서 양분을 만들지 못하니 나무는 결국 굶어 죽게 될 거예요.

백목련 겨울눈

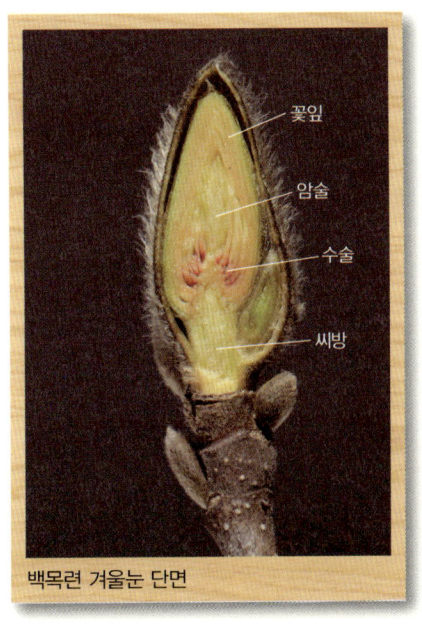
백목련 겨울눈 단면

나무의 생태 29

## 나뭇잎의 색은 왜 변하나요?

　나무는 가을이 되면 곱게 단풍이 들어요. 단풍이란 기후의 변화로 잎 속에서 생리적 반응이 일어나서 생기는 현상이에요. 초록색 잎이 붉은색, 노란색, 갈색으로 변하게 되지요. 잎 속에서 봄과 여름 내내 광합성을 하느라 여념이 없던 초록색의 잎파랑이(엽록소)가 역할을 다하고 나면 여러 가지 색소 물질이 생겨요. 우선은 잎파랑이에 붙어 있던 단백질이 아미노산으로 변하면서 뿌리로 옮겨가 저장되지요. 아울러 함께 만들어진 당분도 가을엔 뿌리로 옮겨가요. 그런데 밤에는 기온이 떨어져 끈적끈적해진 당분의 용액이 뿌리까지 못 가고 잎에 남아 붉은 색소인 안토시아닌과 황색 계통의 카로틴 및 크산토필 등으로 변하지요. 단풍나무, 개옻나무, 붉나무, 화살나무 등은 안토시아닌이 많아 붉은 단풍이 들고, 은행나무, 튤립나무, 칠엽수, 낙엽송, 메타세쿼이아 등은 카로틴이나 크산토필이 많아 노랑 단풍이 들게 돼요. 참나무 종류의 갈색 단풍은 더 복잡한 생화학적인 반응으로 만들어집니다. 단풍은 추운 겨울을 무사히 넘기기 위한 준비로 소중히 키워 온 몸체의 일부를 줄기와 잎자루 사이에 떨켜를 만들어서 과감하게 잘라 버려요.

　활엽수는 이런 과정을 해마다 되풀이하는데, 침엽수는 대부분 2~3년마다, 길게는 10여 년마다 한답니다. 꼭 계절을 정해 놓고 하는 게 아니라 조금씩 잎갈이를 하기에 우리에게는 항상 푸른 잎으로 보이지요.

## 낙엽수와 상록수, 어느 쪽이 더 좋을까요?

나무는 종류와 자라는 곳에 따라 겨울을 나는 방법이 달라요. 크게 잎을 떨어뜨려서 아예 없애 버리는 낙엽수와, 잎을 그대로 달고 겨울을 나는 상록수로 나뉘어요. 잎은 원래 나무가 살아가는 데 꼭 필요한 광합성 공장인데, 우리나라처럼 사계절이 뚜렷한 곳에서는 추운 겨울에는 광합성을 활발히 할 수 없어요. 그래서 겨울에도 잎을 가지고 있으면 양분을 보내 주어야 하고, 또 잎이 얼지 않도록 특별한 조치도 필요하지요. 그렇지 않아도 겨울

금강 소나무(상록수)

소나무 잎

은 살아가기 힘든 때인데 이런 번거로움까지 있으니 겨울이 오기 전에 잎을 떨어뜨려 버리는 거예요. 그런데 다음해 봄에 다시 잎을 새로 만들기 위해서는 정말 많은 양의 에너지가 필요하답니다.

 상록수들은 겨울을 나기 위하여 잎 표면에 두꺼운 왁스 층을 만들고 수분을 조절하는 등 여러 가지 대책을 세웁니다. 이렇게 겨울에도 잎을 달고 있는 것은 나무 자신의 오랜 습성이거나, 원래 자라던 곳이 따뜻한 난대 지방이었기 때문이에요. 잎을 달고 있으면 겨울에는 양분을 공급해 얼지 않게 해야 하는 일이 귀찮기도 하지만, 봄에 힘들게 잎을 다시 만들지 않아도 되는 장점이 있어요. 낙엽수와 상록수 중 어느 쪽이 유리하다고 한마디로 말하기는 어려워요. 나무마다 조상이 물려준 특성과 환경에 따라 맞추어 가면서 살아가는 거지요.

느티나무 잎(단풍)

느티나무(낙엽수)

## 가을에 떨어지는 낙엽도 중요한 역할이 있어요

　사그락사그락 소리 나는 낙엽을 밟아 본 적이 있나요? 한 해 동안 열심히 광합성을 하다가 임무를 마치고 난 뒤에는 바닥에 뒹구는 신세가 된 낙엽을 보면 처량해 보이기도 해요. 그러나 이렇게 허무하게 낙엽의 역할이 끝나 버리는 것은 아니랍니다. 자신을 썩혀서 어미나무에게 비료를 만들어 주는 일이 남아 있어요. 나무에 달린 잎은 살아서는 광합성을 하면서 나무에게 양분을 공급하고, 죽어서는 비료가 되는 고마운 존재예요.

　석유나 광물은 모두 한 번 캐서 사용하면 끝나지만 나무는 무한대로 쓸 수 있어요. 낙엽이 비료가 되어 어미나무를 키워 주고, 가을이면 다시 낙엽이 떨어져 다음 해에 더 크게 자랄 수 있게 또 다시 비료가 되어 준답니다. 아름드리로 크게 자란 나무는 베어서 쓰고 그 자리에 또 나무를 심으면 다시 자라나니 나무야말로 인류의 영원한 자원입니다.

## 겨울에 꽃을 피우는 동백나무

나무가 꽃을 피우는 이유는 자손을 퍼뜨리기 위한 거예요. 나무도 동물처럼 짝짓기를 한답니다. 나무들은 대부분 봄에 꽃을 피워요. 봄에는 곤충이 활발하게 활동하기 때문에 나무들이 짝짓기를 하기에 아주 좋은 시기예요.

그런데 추운 겨울에 꽃을 피우는 나무도 있어요. 동백나무가 대표적인 나무예요. 동백나무는 왜 추운 겨울에 꽃을 피우게 되었을까요? 대부분의 식물이 꽃을 피우는 봄에는 이 나무도 저 나무도 벌을 꼬여 내려고 서로 경쟁이 치열하답니다. 하지만 겨울에는 이런 경쟁을 피할 수 있어요. 그런데 추운 겨울에 누가 꽃가루를 옮겨서 짝짓기를 시켜 줄 것인지가 문제예요. 그래서 동백

동박새와 동백꽃

동백나무 열매

나무는 생각을 바꾸어서 새를 선택했어요. 짝짓기는 꼭 벌과 나비만 도와줄 수 있는 게 아니거든요. 동백꽃은 조금 긴 꽃통의 맨 아래에 꿀 창고를 배치하고 동박새라는 작은 새를 꾀어 내기로 했지요. 동박새는 작은 곤충을 잡아먹고 살지만 열량이 높은 동백 꿀은 추운 겨울을 나는 데 꼭 필요한 영양식이랍니다. 그래서 동박새에게 꿀을 내어 줄 테니 네 깃털과 부리에 꽃밥을 잔뜩 묻혀서 여기 저기 다른 동백나무에 옮겨 달라는 주문을 한 것이지요. 이렇게 하면 동백나무와 동박새 서로에게 좋은 일이지요. 동백 꽃잎의 진한 붉은 색에도 숨겨진 비밀이 있어요. 새는 붉은색을 보면 강한 인상을 받는다고 해요. 그래서 동박새가 꽃을 쉽게 찾아올 수 있도록 붉은 꽃을 피운답니다.

## 나무의 물은 나무에게

　봄에서 가을까지 나무속에서는 수분이나 양분이 끊임없이 움직이고 있어요. 나무는 살아가기 위해 광합성을 해야 하고 뿌리에서는 이에 필요한 물과 양분이 공급되어야 하기 때문이지요. 그래서 대부분의 나무는 가지나 줄기를 자르면 물이 흐르고 있어요. 특히 이른 봄 물의 이동이 한참 왕성할 때는 물이 뚝뚝 떨어질 정도로 많은 양의 물이 흐르는 나무도 있어요.

　대표적인 나무가 고로쇠나무예요. 2월경 나무 줄기에 V자로 홈을 파거나, 구멍을 뚫고 파이프를 꽂아 두면 샘처럼 나무 물이 쏟아져요. 이 물에는 미네랄을 비롯해 약간의 당분이 들어 있어서 물맛이 달콤하답니다. 이 물을 받아 마시면 건강에 좋다고 해요. 그 외에도 자작나무, 다래나무, 대나무 등도 같은 방법으로 나무 물을 받아 마실 수 있어요. 하지만 이런 일은 결코 좋은 일이 아니에요. 사람의 몸속에 피가 흐르듯 나무의 물은 나무의 피와 같답니다. 해마다 나무 물을 빼내면 피를 빼앗긴 셈이니 나무는 살아가기가 정말 힘들 거예요.

고로쇠나무 수액을 채취하는 모습

## 간지럼나무는 간지럼을 잘 타나요?

나무는 동물처럼 뇌에서 몸의 신경을 조정하는 기관이 따로 없어요. 한마디로 신경 세포가 없는 거예요. 그래서 간지럼을 태우면 몸을 비트는 '간지럼을 타는 나무'는 없답니다. 그런데 '간지럼나무'란 이름을 가진 나무가 있어요. 이 나무의 정식 이름은 배롱나무예요. 충청도 일부 지역에서는 이 나무를 간지럼나무라고 부르고 있어요.

배롱나무는 껍질이 얇고 매끈매끈하게 생겼어요. 그래서 사람이라고 상상해 본다면 간지럼을 많이 탈 것 같아 보인답니다. 마치 친구의 발바닥 맨살을 보고 간지럼을 태우고 싶어서 참을 수 없는 것과 마찬가지예요. 그래서 사람들이 이런 이름을 붙였답니다.

정말 간지러움을 태울 때마다 웃고 몸을 비트는 나무가 있다면 재미있을 것 같지요.

**배롱나무 열매**
꽃 핀 자리마다 동그랗게 마른 열매가 열려요.

배롱나무 껍질과 배롱나무 꽃(아래) ▶

## 혼자만 잘 살겠다는 비정한 칡덩굴

여름에 시골길을 가다 보면 산기슭에 다른 나무들을 뒤덮고 있는 덩굴식물을 볼 수가 있어요. 마치 이불을 뒤집어씌우듯이 제 가지를 다른 나무 위에 펼치고 있지요. 다른 나무의 줄기를 타고 꼭대기까지 올라가 햇빛이 잘 비치는 꼭대기를 저 혼자 얌체처럼 차지하고 있어요. 넓적한 잎을 한껏 펼치고 제가 타고 올라간 나무에는 단 한 줄의 햇빛도 들어가지 못하게 만들어 버리지요. 밑에 깔린 나무는 제발 같이 좀 살자고 비명을 질러대지만 들은 척도 않아요. 결국 밑에 깔린 나무는 햇빛이 부족해서 광합성을 제대로 하지 못해 굶어 죽고 말아요. 이뿐이 아니에요. 전봇대를 타고 올라가 전선을 얼기설기 엮어 놓아서 비 오는 날 전기 합선을 일으키는 위험한 상황을 만들기도 하지요. 이렇다 보니

칡 덩굴이 올라가지 못하게 전봇대 철사줄에 고깔을 씌워 놓은 모습

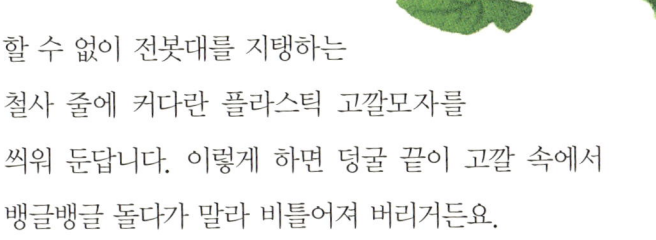

할 수 없이 전봇대를 지탱하는
철사 줄에 커다란 플라스틱 고깔모자를
씌워 둔답니다. 이렇게 하면 덩굴 끝이 고깔 속에서
뱅글뱅글 돌다가 말라 비틀어져 버리거든요.

 이래저래 오늘날의 칡은 악명 높은 훼방꾼이 되고 말았어요. 말 그대로 칡과의 전쟁을 벌이고 있으나 워낙 잘 자라는 식물이어서 애를 먹지요.

 그러나 옛날에는 흉년에 칡뿌리는 식량 대용이었어요. 칡 줄기는 껍질이 질겨서 삼태기 등 여러 가지 생활 용구로 쓰이고, 다리와 배를 만들고 성을 쌓는 데에도 이용했다고 해요.

칡꽃

## 얌체 나무 겨우살이

　겨우살이는 주로 참나무 종류의 큰 나무 위 높다란 가지에 붙어 자라는 '나무 위의 작은 나무'로 기생식물이에요. 겨울에 어미나무의 잎이 다 떨어져도 혼자 진한 초록잎을 자랑하는 늘푸른나무이지요. 가을이면 굵은 콩알만 한 노란 열매가 열려요. 반투명한 열매에 햇살이 비치면 수정처럼 빛나는데 정말 아름답지요. 이 열매는 산새와 들새들이 좋아하는 먹이에요. 겨우살이 열매를 배불리 따먹은 산새가 다른 나뭇가지로 날아가 용변을 보면 씨앗은 소화되지 않고 그대로 배설되어 나뭇가지에 달라붙어요. 그리고 싹을 틔우기에 알맞은 조건이 되면 싹이 트고 뿌리가 돋아나면서 나무껍질을 뚫고 파고들어가 나무의 영양분을 빨아먹고 살지요. 그래도 미안한 마음은 있는지 자신도 광합성을 조금씩 하면서 모자라는 영양분을 보충한답니다. 겨우살이는 사계절 내내 놀아도 물 걱정, 양식 걱정은 안 해도 돼요. 나무 나라에서 가장 얌체 나무예요.

　우리나라에서는 겨우살이를 좋은 약재로 여기고 있어요. 그런데 서양에서는 소원을 들어주는 좋은 나무로 생각하고 있어요. 그래서 미국이나 유럽에서는 크리스마스 축하 파티가 열리는 방 문간에 걸어 놓고 이 아래를 지나가면 행운이 온다고 알려져 있답니다.

겨우살이와 겨우살이 열매(아래) ▶

## 나무에도 암수가 있어요

암꽃이 달리는 암나무와 수꽃이 달리는 수나무가 따로따로인 나무가 있어요. 이런 나무를 암수 딴나무라고 부르지요. 흔히 보는 은행나무, 주목, 버드나무, 향나무, 뽕나무 등이 그런 나무이지요. 그런데 나무는 암수가 따로 있는 경우보다 소나무처럼 암꽃과 수꽃이 같은 나무에 피는 경우가 더 많아요.

암나무와 수나무는 잎만 피어 있을 때는 구분하기 어려워요. 꽃이 핀 다음 꽃모양으로 구분하면 쉽답니다. 그 외에는 암수 딴나무이면서 열매가 달리면 암나무, 달리지 않으면 수나무로 구별할 수밖에 없답니다.

소나무 수꽃

소나무 암꽃

## 벌레를 잡아먹는 식충 식물도 있어요

곤충이나 작은 동물을 잡아먹는 식물을 식충 식물이라고 해요. 동물처럼 이빨이 있어서 씹어 먹는 게 아니라 녹여 먹는답니다. 벌레를 잡는 방법은 끈끈이를 이용해 달라붙게 하거나 교묘하게 함정이나 덫을 만들어 오도 가도 못하게 붙잡아 두지요. 그런 뒤에는 동물처럼 천천히 소화 효소를 내어 먹이를 녹이고, 필요한 영양분을 몸속으로 빨아들여요. 식충 식물은 잎파랑이(엽록소)가 있어서 광합성도 하면서 이중으로 영양분을 얻어요. 세계적으로는 약 400여 종이 알려져 있고, 우리나라에는 끈끈이주걱 네펜데스 등을 비롯해 10여 종이 있답니다.

네펜데스

그런데 영화에서처럼 사람을 잡아먹는 공포의 식인나무가 있을까요? 이건 영화나 공상소설에나 나오는 이야기일 뿐이에요. 나무가 사람이나 덩치 큰 동물을 잡으려면 대단히 큰 '잡는 장치'가 있어야 하고, 또 사람이나 동물은 상당한 힘이 있기 때문에 바로 기절시키지 않는다면 금세 잘라 버리고 탈출할 수 있지요. 그래서 이런 나무는 있을 수 없답니다.

## 나이테는 왜 생기나요?

온대 지방에서 자라는 나무는 가운데에 배꼽이 있고 안에서 밖으로 작은 원에서 큰 원으로 테가 물결이 퍼져 나가듯 여러 개가 있어요. 이 테가 바로 나이테예요. 좀 푸석푸석해 보이고 색깔도 연한 부분은 춘재, 단단하고 색이 진한 부분은 추재라고 해요. 춘재는 3월에서 5월까지 따뜻한 봄 햇살을 받아 빨리 자란 부분이고, 추재는 6월에서 9월까지 여름의 강한 햇빛으로 광합성을 하며 내실을 다진 부분이에요. 10월에서 이듬해 2월까지는 쉬는데 춘재와 추재를 합쳐서 나이테라고 해요. 나이테는 1년에 하나씩 만들어지지요. 그래서 나이테를 세어 보면 나무의 나이를 알 수 있어요.

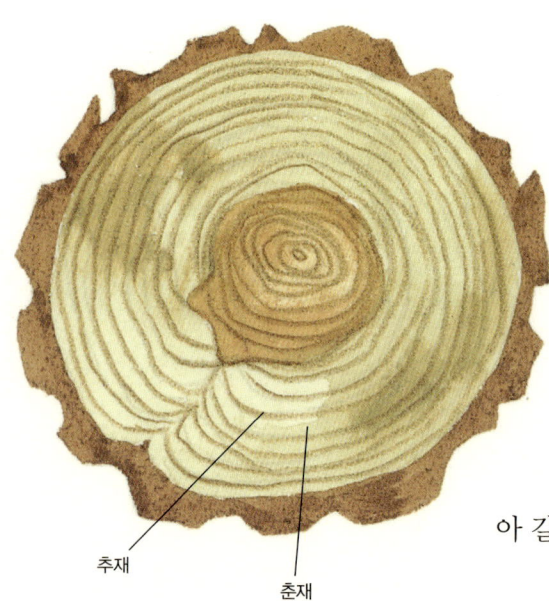

추재
춘재

그러나 열대 지방에서는 1년 내내 여름만 이어지므로 춘재와 추재가 생길 수도 없고, 쉴 틈 없이 계속 자라기만 해요. 그러니 세포 크기나 모양이 거의 같아 어디서 어디까지가 1년 동안 자란 것인지 구분하기 어려워요.

또 나이테를 보면 나무가 살아 갈 당시의 여러 조건을 알 수 있답니다. 첫째, 나이테 숫자를 세어 보면 얼마나 오래 살았는지 알 수 있어요. 둘째, 나이테를 보면 옛 기후를 짐작할 수 있어요. 예를 들어 날씨가 가물고 햇빛이 적었으면 나이테가 좁고, 그 반대이면 나이테는 넓어지지요. 또 어느 해 봄 가뭄이 심했다면 봄에 만들어진 세포도 크기가 작아요. 이런 것들을 종합해서 옛 기후를 알아내요. 셋째, 나무 문화재의 연대를 추정할 수 있어요. 나이테 너비가 해마다 어떻게 달라지는지 먼저 그래프를 만들고, 연대를 모르는 유물이 나오면 나이테 변화 그래프와 대조하는 방식이에요.

그런데 정말 나이테로 방향을 알 수 있을까요? 아니에요. 나무는 햇빛이 많은 남쪽, 즉 한 방향으로만 가지를 뻗는 게 아니랍니다. 잘린 나무를 보면 넓은 나이테와 좁은 나이테 부분을 찾을 수 있어요. 이것은 방향 탓이 아니라 나무가 구부러져 자랄 때, 나무의 배꼽이 한 쪽으로 치우치면서 넓은 나이테와 좁은 나이테가 나타난 거예요. 그리고 곧게 자라는 나무도 나이테의 넓이가 일정하지 않아서 나이테 넓이를 보고 방향을 찾을 수는 없어요.

나무의 생태

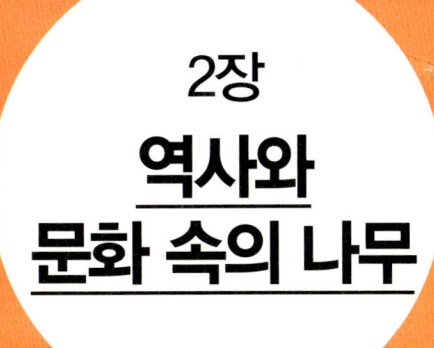

## 2장
## 역사와 문화 속의 나무

나무들에는 저마다의 이야기가 있어요. 특별한 이름을 얻게 된 이야기, 물건의 재료가 된 이야기, 벼슬을 얻게 된 이야기까지 재미있는 이야기가 가득해요.

## 옛날에는 나무에게도 벼슬을 내렸어요

　예나 지금이나 사람들은 높은 벼슬자리를 서로 차지하려고 경쟁해요. 흔히 출세했다는 말은 대부분 높은 벼슬을 뜻해요. 많은 사람이 따르고 권력을 휘두를 수 있으니 욕심 내는 것이지요. 그래서 권력자들은 자기를 따르는 사람들에게 벼슬을 나누어 주며 자신의 힘을 과시했어요. 하지만 벼슬을 받고 만족하는 사람, 그렇지 않은 사람 등 여러 문제가 뒷따랐어요. 그런데 나무나 돌, 산 등 자연물에게는 어떤 벼슬을 주어도 시비 걸고 질투할 사람이 없었어요. 그래서 옛날에는 자연물에게도 벼슬을 내렸어요. 여기에는 '너도 잘하면 이런 벼슬을 줄 수도 있다.'는 상징적인 뜻이 담겨 있었어요.

　조선 시대에는 한 소나무가 세조 임금이 지나갈 때 가마가 걸리지 않도록 가지를 들어 올렸다고 하여 '정이품'이란 벼슬을 내려 주었어요. 오늘날의 장관에 해당하는 벼슬이에요. 지금도 '정이품 소나무'라는 이름으로 천연기념물로 지정되어 있지요. 또 경기도 용문사 은행나무도 천연기념물로 '당상직첩'이라는 오늘날의 차관에 해당하는 벼슬을 받았어요.

용문사 은행나무(천연기념물 30호) ▶

## '사랑나무'라고 하는 연리지는 어떻게 만들어졌나요?

나무의 줄기나 가지가 오랜 시간 맞닿아 있으면 세포가 합쳐져 한 나무처럼 연결되는 일이 벌어져요. 줄기가 연결된 것은 연리목, 가지가 연결된 것은 연리지라고 해요. 나무는 자라면서 점점 줄기가 굵어져요. 그래서 두 그루의 나무가 아주 가까이 자라다 보면 언젠가는 붙게 되고, 시간이 더 흐르면 연리목이 되지요. 그러나 가지는 바람에 잘 흔들리기 때문에 서로 연결되기가 어려워 연리지가 되는 나무는 드물답니다.

나무 두 그루의 가지가 맞닿으면 둘 다 해마다 지름이 굵어져 닿은 부분이 심하게 눌린답니다. 그래서 해가 지나면 차츰 껍질이 밀려나고 맨살에 해당하는 진짜 나무 부분이 서로 맞닿게 되지요. 그런데 여기에는 활발하게 분열 활동을 하는 부름켜라는 조직이 있어요. 양쪽 부름켜가 만나서 가장 먼저 하는 일은 서로 사랑할 수 있는 사이인지 확인하는 거예요. 같은 나무라야 서로 합치고 사랑을 나눌 수 있기 때문이지요. 만약 종류가 다른 나무라면 연리지가 되는 것은 불가능해요. 예를 들어 소나무이면 같은 종류의 소나무인지를 서로 확인하는 거예요. 이렇게 서로에 대한 확인이 끝나면 조금씩 서로의 세포를 연결해 갑니다. 물론 이 과정은 아주 오랜 시간이 걸려요. 짧게는 몇 년, 길게는 몇십 년이 걸리기도 해요. 이렇게 해서 연리지가 완성된 이후에는 한쪽의 나무를 잘라 버려도 다른 쪽 나무의 영양 공급을 받아 살아갈 수 있답니다.

## 거리를 알려 주는 오리나무와 시무나무

　자동차나 기차가 없었던 옛날에는 사람들은 대부분 먼 길을 걸어서 다녔어요. 말이나 마차는 부자나 벼슬이 높은 사람들만 겨우 이용할 수 있었어요.

　그런데 전라도에서 한양까지 먼 길을 가야 하는 등의 경우에는 거리가 얼마나 되는지 알 수가 없었지요. 그래서 길가에 거리를 나타내기 위해 심는 나무가 있었어요. 바로 오리나무와 시무나무였어요. 오리나무는 오 리(2킬로미터)마다 심었고, 시무나무는 이십을 뜻하는 스무 리(8킬로미터)마다 심었어요. 시무를 십으로 해석하여 시무나무는 십 리(4킬로미터)마다 심은 나무로 보기도 해요. 오리나무나 시무나무 둘 다 아무 데나 잘 자라는 나무라서 가능했어요. 그리고 길손들은 다 헤어진 짚신을 나뭇가지에 걸어 놓아 다음 길손이 길을 찾기 쉽도록 배려했어요.

오리나무 ▶

## 배고픔을 달래 주던 열매, 도토리

도토리

옛날에는 흉년이 들어도 이웃 나라에서 식량을 수입해 먹을 수가 없었어요. 그래서 쌀 대신 다른 먹거리를 찾아야 했지요. 그때 보통 먹었던 식품은 참나무 열매인 도토리예요. 우리나라 어디에서나 흔히 자라고 열매가 많이 열리지요. 특히 도토리는 전분이 풍부해서 떫은 맛만 없애면 훌륭한 대용 식이 되지요. 도토리는 흉년이 들수록 더 많이 달려요. 참나무 종류의 꽃가루받이 시기는 5월 경인데 이때는 한창 모심기를 하는 때예요. 가뭄이 들어 햇빛이 쨍쨍한 맑은 날이 계속되면 꽃가루가 쉬이 날아 다녀 수정이 잘되고 도토리 풍년이 오지요. 반대로 5월에 비가 자주 오면 농사는 풍년이 들어도 풍매화인 참나무 꽃가루는 암꽃을 찾아 갈 수가 없어서 도토리는 흉년이에요. 그 외 소나무나 느릅나무의 안 껍질을 벗겨 먹으면서 흉년을 보냈어요.

참나무의 한 종류인 굴참나무 ▶

## 대추나무를 왜 양반나무라고 부르나요?

추위가 물러가고 날씨가 따뜻해지면 나무들은 한해살이를 시작해요. 일 년 동안 먹고 살 양식을 만들고, 꽃을 피우고, 열매를 맺어 자손을 퍼뜨리지요. 그런데 한 해를 시작하는 시기는 나무마다 제각각이에요. 매화나 갯버들처럼 얼음도 녹기 전부터 설치는 나무가 있는가 하면, 5월이 되어도 잎이 나지 않는 나무가 있어요. 바로 대추나무예요. 옛날 사람들은 대추나무를 두고 양반나무라는 별명을 붙였어요. 첫째는 글을 읽는다며 일은 않고 게으름을 피우는 양반을 나쁜 뜻으로 빗댄 것이고요. 둘째는 양반을 대표하는 선비들은 경거망동하지 않고 천천히 신중하다는 뜻이 담겨 있어요.

또 가로수로 많이 심는 회화나무는 학자나무라고 부른답니다. 나라를 다스리는 정승들이 이 나무 아래서 나랏일을 상의하고, 선비들이 집에 많이 심었기 때문이라고 해요.

대추나무 열매 ▶

## 귀신들을 쫓는 나무

우리 조상은 옛날 중국에서 유래한 이야기 때문에 복숭아나무가 귀신을 쫓는다고 믿었어요. 오랜 옛날 중국에 '예'라는 사람은 하늘에 떠 있는 태양도 화살 하나로 떨어트릴 정도로 활쏘기 명수였어요. 어느날 그의 재주를 시기한 제자가 복숭아나무 몽둥이로 때려 죽였다고 해요. 그래서 예는 죽어 귀신이 된 뒤에도 복숭아나무를 싫어했고, 이 때문에 다른 귀신들까지 이 나무를 무서워했어요. 그 후 사람들은 귀신을 쫓는 데 복숭아나무를 쓰기 시작했어요. 그런데 문제는 복숭아나무는 좋은 귀신과 나쁜 귀신을 가리지 않고 모두 쫓아 버린다고 해요. 그래서 제삿날 조상의 혼령까지 되돌아가게 해서 집 안에는 복숭아나무를 심지 않았어요.

음나무 가시

또 음나무도 귀신을 쫓는다고 믿었어요. 옛날에는 안방 문설주 위에 음나무 어린 가지를 잘라다 가로로 걸쳐 두었답니다. 음나무 가지에는 가시가 촘촘히 돋아 있어서 그렇게 하면 귀신이 들어오지 못한다고 믿었거든요. 또 펄렁이는 도포 자락이 음나무 가시에 걸리는 것을 싫어하는 귀신은

방에 들어오지 않을 거라고도 생각했지요.

또 무환자나무도 귀신을 쫓아내는 나무라고 믿었어요. 옛날 중국에 앞날을 잘 알아맞히는 이름난 무당이 있었는데, 그 무당은 정신병자에게 붙어 있는 귀신을 무환자나무 가지로 때려서 쫓아 버리고 병을 고쳤다고 알려져 있어요. 그 소문을 들은 사람들이 무환자나무를 잘라 여러 가지 생활도구를 만들어 쓰기 시작했고, 환자가 생기지 않고 걱정이 없다는 뜻으로 무환자나무라는 이름을 붙였다고 해요.

## 나무 이름은 어떻게 지었나요?

아득한 옛날 우리 선조들은 처음 만나는 나무마다 우선 눈에 띄는 생김새의 특징을 살려서 이름을 붙였어요. 예를 들어 나뭇가지가 층층으로 뻗어 있으면 층층나무, 나무에 향기가 나서 향나무, 잎 모양이 박쥐 날개 같아서 박쥐나무, 꽃이 무궁무진 오래 피어서 무궁화, 가지를 꺾어 물에 담그니 푸른 물이 우러나서 물푸레나무, 황칠을 하는 황칠나무 등으로 이름을 붙였지요. 그러나 1천 종이 넘는 우리 나무 중 이름의 유래를 아는 나무는 약 1백 종 정도예요. 나머지는 세월이 너무 오래 지나면서 오늘날까지 제대로 전해지지 않은 것이지요. 여러분도 나무 이름의 유래가 무엇인지 한 번씩 생각해 보면 어떨까요?

## 오자마자 가래나무, 방귀 뀌어 뽕나무

옛날 사람들은 힘든 일을 할 때면 피곤함을 잊기 위해 노래를 불렀어요. 이런 노래를 타령이라고 하는데 그중에는 나무 타령도 있었어요.

오자마자 가래나무, 불 밝혀라 등나무, 대낮에도 밤나무
칼로 베어 피나무, 너랑 나랑 살구나무, 십리 절반 오리나무
열의 갑절 스무나무, 방귀 뀌어 뽕나무, 깔고 앉아 구기자나무
거짓 없어 참나무, 그렇다고 치자 치자나무, 하느님께 빌어 비자나무

나무 이름을 외우기 어려울 때는 이렇게 타령을 만들어 불러 보세요. 훨씬 쉽게 외워질 거예요. 예를 들어 '잘못 했다 사과나무, 삼삼하다 삼나무, 다섯 동강 오동나무' 등 혼자 만들어 불러 보아도 좋아요.

▶ 가래나무

## 전기 대신 사용한 쉬나무

　우리나라에 전기가 처음 들어온 때는 1887년 3월 6일이에요. 이날 경복궁 안에 있는 건청궁에 처음으로 전깃불을 켰다고 해요. 그 후로 전기가 우리나라 곳곳에 보급되는 데는 거의 백 년이 걸렸어요. 1990년경이 되어서야 모두가 전기를 쓸 수 있게 되었지요.

　그럼 전기가 보급되지 않았던 시절에는 무엇으로 불을 밝혔을까요? 옛날에는 선비들이 밤에 책을 읽으려면 기름이 있어야 했어요. 기름에 심지를 꽂고 여기에 불을 붙여 불을 밝혔거든요. 하지만 그나마도 석유가 들어오기 전이어서

쉬나무 잎과 꽃

쉬나무 열매

기름은 아주 귀했답니다. 유채, 해바라기, 아주까리, 들깨, 목화씨에서 얻는 면실유 등 옛사람들이 이용한 기름은 흔히 초본 식물에서 얻었어요. 그러나 이것들을 사람들이 먹을 곡식을 생산해야 할 땅에 심어야 해서 어려움이 있었어요. 먹고살 식량을 재배할 곳도 모자르니 말이에요. 그래서 값싸고 많은 양의 기름을 한꺼번에 얻기 위해 옛 선비들은 집 근처에 쉬나무를 꼭 심었어요.

그리고 밤에 야외 행사를 하려면 횃불이 필요했어요. 기름 송뭉치로 어둠을 밝히기에는 기름이 너무 많이 들어서 가느다란 싸리나무를 묶어서 끝에 불을 붙여 사용했답니다. 지금처럼 석유를 사용한 것은 1880년 경 석유가 처음 우리나라에 들어오면서부터예요.

## 나무 조각으로 바위를 쪼갰어요

**할석**
먼저 바위에 구멍을 뚫은 다음 그 구멍마다 작은 나무 쐐기를 끼워요. 그런 뒤 물을 부어 팽창시키면 바위가 깨져요.

 옛날에는 단단한 바위를 어떻게 잘랐을까요? 요즘 쓰는 다이너마이트나 다이아몬드 돌칼이 없는데도 첨성대나 석굴암, 돌다리에 쓰이는 돌을 두부처럼 반듯반듯하게 어떻게 잘랐는지 참 신기하지요. 바로 나무를 이용했어요. 우선 돌 표면에 쐐기 모양의 구멍을 뚫어요. 이 작업은 쇠붙이를 이용해서 하지요. 그런 뒤 잘 마른 나무를 이 구멍에 맞게 잘라 끼운 다음 물을 계속 부어 완전히 나무가 젖게 해요. 이것을 반복하다 보면 돌이 갈라지기 시작해요. 일정한 간격으로 한 줄로 구멍을 내어 계속 하면 돌을 길고 큰 네모 모양으로 자를 수도 있어요.

 그런데 나무는 어떻게 돌을 쪼갠 걸까요? 나무의 수축과 팽창에 비밀의 열쇠가 있어요. 마른 나무는 물을 먹으면 5~10퍼센트 정도 크기가 팽창해요. 이 힘이 엄청나서 단단한 돌도 금이 생기고 결국은 쪼개지는 거예요.

## 옛날 학생들은 어디에 글씨를 썼을까요?

요즘은 종이가 흔해서 어디에서나 손쉽게 구할 수 있지요. 하지만 옛날에는 만드는 과정이 복잡하고 돈이 많이 들어 종이를 함부로 쓸 수가 없었어요. 이럴 때 가장 값싸고 편리한 연습장은 작은 나무 판자였어요. 나무에는 바늘처럼 가늘고 긴 모양의 세포가 촘촘히 박혀 있어서 붓글씨를 써도 먹물이 속으로 깊이 스며들지 못해요. 그래서 글씨를 쓰고 난 뒤 표면을 얇게 깎아 내면 다시 쓸 수 있었어요. 아예 닳아 없어질 때까지 쓰고 또 쓸 수 있으니 정말 요술 방망이 연습장이에요.

실제로 의창 다호리 고분군에서는 1세기 전후에 쓰인 것으로 보이는 5점의 붓과, 글씨를 지울 때 사용한 삭도라는 전문 지우개 칼이 발굴되었어요.

역사와 문화 속의 나무

## 한지는 어떻게 만드나요?

인류 문화가 발달하여 문자가 발명되면서 값싸게 한꺼번에 많은 문자를 쓸 수 있는 게 필요했어요. 서양에서는 이집트의 나일 강변에서 자라는 '파피루스'라는 갈대와 비슷한 식물을 서로 이어서 사용했고 이 식물의 이름이 오늘날 '페이퍼(paper: 종이)'의 어원이 되었답니다. 동양에서는 후한의 채륜이 2세기 초에 처음 종이를 만들었어요. 제대로 된 종이를 만드는 기술은 서양보다 동양이 한

### 한지 만드는 과정

1. 닥나무를 채취해요.

3. 껍질을 벗긴 닥나무를 삶아요.

2. 닥나무 껍질을 벗겨요

4. 삶은 닥나무 껍질을 씻어요.

수 위였어요. 종이를 필요로 하는 곳이 점점 많아지면서 제조 기술이 발전하고 원료를 확보하는 일이 문제였어요. 그러다가 닥나무가 종이를 만들기에 적합하다는 것을 알아냈어요. 닥나무의 껍질에는 '인피 섬유'라는 질기고 튼튼한 실 모양의 세포가 가득 들어 있어서 종이를 만드는 데 안성맞춤이었어요.

 늦가을에 닥나무를 적당한 길이로 잘라 통에 넣고 찐 후 껍질을 벗겨 내요. 그런 뒤 물에 담가 부드럽게 만든 다음 겉껍질을 제거하면 하얀 안 껍질만 남아요. 다시 솥에 넣고 나뭇재를 섞어서 삶은 후, 흐르는 물에 깨끗이 씻어서 절구로 찧거나 떡판에 올려놓고 두들겨서 껍질이 흐물흐물해지게 만들어요. 그런 뒤 통에 넣고 물을 부어 잘 섞은 다음 닥풀을 섞어서 발로 김을 뜨듯이 한 장 한 장 떠내서 말리면 한지가 완성돼요.

5. 닥나무 껍질을 방망이로 두드려요.

7. 대나무 발을 흔들어 한지를 떠요.

6. 흐물해진 닥나무 껍질에 닥풀을 풀어요.

8. 말리면 한지가 완성되요.

## '책'이란 말은 어디에서 유래되었나요?

　공자는 약 2500년 전에 살던 학자로 유교의 창시자예요. 이때는 종이가 발명되기 전인데 어디에다 글을 써서 주고받았을까요? 이때 종이를 대신한 것은 대나무로 만든 죽간이었어요. 죽간은 세로 20~25센티미터, 너비 1~3센티미터에 두께는 부러지지 않을 만큼 얇게 만든 긴 직사각형의 대나무 판이에요. 여기에 직접 붓으로 글자를 쓰거나 칼로 새긴 후 먹물을 넣으면 되지요. 죽간 하나에 글자를 30~40자 정도는 충분히 쓸 수 있었어요.

　공자가 지은 《논어》에는 공자가 책을 하도 많이 읽어 가죽 끈이 세 번이나 끊어졌다는 구절이 있어요. 죽간에 구멍을 뚫어 가죽 끈으로 묶어 두면 한 권의 책이 만들어지는 거예요. 오늘날 우리가 쓰는 책(冊)이라는 한자는 여러 개의 죽간에 구멍을 뚫어 끈으로 이은 모양을 나타내는 글자예요. 대나무가 자라지 않은 추운 지역에서는 다른 나무로 죽간처럼 만들었는데, 이는 목간이라고 하며 죽간처럼 널리 사용했지요.

## 자작나무 껍질에 그린 천마도

종이가 귀했던 옛날에는 천이나 비단, 가죽 등에도 그림을 그렸어요. 그런데 천마총의 천마도는 자작나무 껍질을 이용했다는 점이 특이해요. 대부분의 나무 껍질은 거북등처럼 갈라지거나 깊게 골이 패이고, 표면의 색깔이 흑갈색에 가까워요. 하지만 자작나무는 색깔이 하얗고 껍질이 매끄러운데다 은박지 두께 정도로 얇은 껍질이 겹겹이 쌓여 있어서 한 장 한 장 잘 벗겨지지요. 또 여기에는 방부제 역할을 하는 큐틴이 다른 나무보다 더 많이 들어 있어 잘 썩지 않고 곰팡이도 덜 피어요. 또 왁스 성분이 많아 물도 잘 스며들지 않아요. 이만하면 그림 그리기에는 안성맞춤이에요.

껍질이 매끄럽고 흰 나무를 찾아 줄기에 가로로 빙 둘러 칼자국을 넣어 주어요. 필요한 길이만큼 줄기의 아랫부분에 같은 방법으로 칼자국을 넣은 다음, 위아래 칼자국 사이에 세로로 직선 칼자국을 넣지요. 목질부와 껍질을 조심스럽게 떼어 내면 그림 그리는 데 필요한 껍질 판을 얻을 수 있어요. 껍질 판의 길이는 얼마든지 조절할 수 있고, 너비는 나무 둘레와 같으니 알맞은 나무를 고르면 된답니다.

자작나무 수피
점선 대로 껍질을 벗겨 내어 천마도를 그릴 밑판을 만들어요.

## 해인사 팔만대장경판을 만든 산벚나무

　해인사 팔만대장경판은 고려 고종 때인 1236~1251년까지 16년에 걸쳐 8만 1258장에 이르는 엄청난 양의 불경을 새긴 나무판이에요. 몽고 침략군을 물리치기 위한 백성의 간절한 소망을 담아 정성껏 새겼어요. 불경을 새긴 나무 판은 경판이라고 하는데, 긴 직사각형의 나무판자로 글자를 새긴 부분과, 인쇄할 때나 보관하기 쉽게 만든 양옆의 손잡이로 이루어져 있어요. 길이는 다섯 종류로 68센티미터와 78센티미터짜리가 대부분이에요. 너비는 24센티미터, 두께는 약 3센티미터 정도예요. 사용한 나무 종류에 따라 무게가 다르나 대부분 3.5킬로그램이에요. 경판을 만든 나무는 60퍼센트 이상이 산벚나무로 봄에 우리나라 산

경판을 새기는 모습

에서 화사한 벚꽃을 피우는 나무예요. 그 외 돌배나무, 단풍나무, 후박나무 등도 경판을 만드는 데 쓰였어요.

경판을 전부 한꺼번에 쌓아 놓으면 높이는 약 3400미터로 백두산보다 더 높아요. 한 장씩 이으면 길이는 약 60킬로미터나 된다고 해요. 또 전체 무게는 약 280톤으로 4톤 트럭에 70대 분량이에요. 경판은 320여 자의 한문 글자가 앞뒤로 새겨져 있어서 경판 한 장의 글자 수는 약 640자예요. 그러므로 경판 전체에는 글자가 약 5천 2백만 자가 새겨져 있는 거예요. 한자를 잘 아는 학자가 하루에 7시간씩 읽는다고 해도 약 30년이 걸리는 분량이에요. 글자를 새긴 나무 판 유물로는 세계 최대 규모라고 해요.

벚나무 껍질

산벚나무 꽃

팔만대장경판

## 달나라에는 정말 계수나무가 있어요?

푸른 하늘 은하수 하얀 쪽배엔
계수나무 한 나무 토끼 한 마리

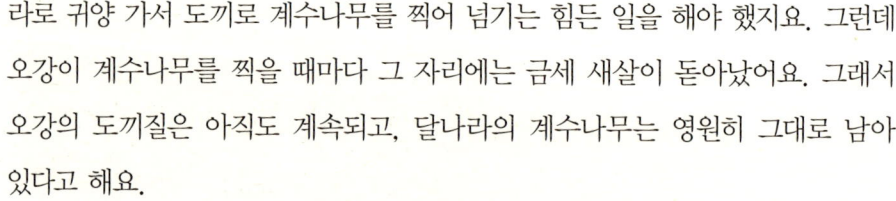

이 동요를 한 번쯤 들어 본 적이 있을 거예요. 보름 달을 쳐다보면 약간 거무스레한 얼룩이 있어요. 이걸 보고 여러 가지 이야기가 만들어졌어요. 옛날 중국에 살던 오강이라는 사람이 죄를 지어 옥황상제에게 벌을 받게 되었어요. 오강은 달나라로 귀양 가서 도끼로 계수나무를 찍어 넘기는 힘든 일을 해야 했지요. 그런데 오강이 계수나무를 찍을 때마다 그 자리에는 금세 새살이 돋아났어요. 그래서 오강의 도끼질은 아직도 계속되고, 달나라의 계수나무는 영원히 그대로 남아 있다고 해요.

이렇게 전설에 나오는 달나라 계수나무는 상상의 나무이지만 우리 주변에 심고 가꾸는 계수나무가 실제로 있어요. 가로수로 흔히 볼 수 있지요. 그 외 옛 사람들의 시나 노래에 등장하는 계수나무는 단순히 좋은 나무란 뜻이거나 '목서'라는 또 다른 나무를 가리키는 경우도 많아요.

## 소나무로 만든 거북선

임진왜란 때 이순신 장군이 눈부신 전술을 펼칠 수 있었던 것은 거북선을 비롯한 판옥선 등 우리 싸움배의 '박치기' 실력이 크게 한몫 했어요.

임진왜란 당시의 싸움배는 우리 소나무로 만들었기 때문에 몸체가 아주 튼튼했어요. 그래서 일본 배를 향해 박치기를 잘할 수 있었어요. 소나무는 여름에는 단단한 세포가 만들어지는데 이 세포가 나이테 속에 많이 포함되어 있어요. 그래서 배를 만드는 침엽수 종류 중에서 가장 단단한 나무예요. 그리고 우리나라

배는 사람 몸의 척추에 해당하는 용골이 없어요. 또 배 밑이 편평한 평저선이다 보니 강도를 높이기 위해 두꺼운 판자를 썼어요. 배 자체만으로도 튼튼한데 박치기하기 좋게 주요 부위는 참나무, 가시나무, 녹나무 등 더 강한 나무로 힘을 보강했어요.

그럼 일본 배는 어땠을까요? 일본 산에는 소나무가 드물고 주로 삼나무나 편백나무가 자라지요. 이런 나무들은 곧고 빨리 자라는 편이나 목질이 무르고 약하답니다. 그런데 우리나라 배는 크기도 크고 단단한 나무로 주요 부위를 보강했기 때문에 박치기를 하면 일본 배는 그냥 박살이 날 수 밖에 없었지요. 그래서 임진왜란 때 일본 배들은 우리 배와 부딪치지 않으려고 도망가기에 바빴다고 해요.

▼ 소나무 숲

## 비단을 만드는 나무가 있다고요?

　뽕나무는 비단을 만들어 주는 나무예요. 그런데 뽕나무가 직접 만들지는 않고 누에라는 애벌레가 비단을 만들어요. 나뭇잎을 갉아먹고 사는 누에는 뽕나무 잎을 가장 좋아한답니다.

　알에서 갓 깨어난 누에는 크기가 겨우 3밀리미터 정도예요. 약 20일쯤 뽕잎을 열심히 먹고 자라면 길이가 약 8센티미터나 돼요. 자람을 멈추고 약 이틀 반 동안 입에서 계속 실을 토해 내어 무게가 2.5그램 정도의 땅콩 모양 누에고치가 되지요. 이 고치는 탁구공과 무게가 비슷한데, 고치 1개에서 나오는 실의 길이는 1200~1500미터나 돼요. 이 실을 풀면 비단을 짤 수 있는 비단실(명주실)이 돼요. 결국 비단은 뽕잎을 먹는 누에가 만든 것이니 뽕나무는 비단을 만들어 주는 나무예요. 고치를 다 지은 누에 애벌레는 약 70시간 뒤면 고치 속에서

### 비단 만드는 과정

**1. 누에 치기**
뽕잎을 깔고 누에를 키워요.

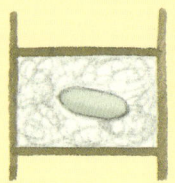

**2. 누에 수확**
누에가 자라면서 실을 토해 타원형의 고치가 완성되면 수확해요.

**3. 누에고치 삶기**
뜨거운 물에 1분 정도 담갔다가 식혀야 해요.

번데기가 되고, 다시 2주 정도 지나면 나방이 돼요. 암나방은 약 500~600개의 알을 낳고 죽지요. 그래서 나방이 되기 직전 번데기 상태일 때 고치를 삶아서 비단실을 풀어내요. 고치를 다 풀고 난 다음 고치 속의 번데기는 간식으로 먹기도 하는데 맛이 아주 고소해요.

옛날에는 농사를 짓고 누에를 쳐 비단 짜는 일을 '농상'이라 하여 나라의 가장 중요한 산업이었어요. 우리나라는 삼한 시대 이전부터 누에치기가 활발했어요. 조선 시대에 들어서는 누에치기를 더욱 장려했어요. 친잠례라 하여 왕비가 직접 비단 짜는 시범을 보이기도 했지요. 오늘날 서울의 잠실은 누에를 치던 옛 관청이 있던 자리예요.

뽕나무

**4. 실 뽑기**
삶은 누에를 물레에 걸어 실과 고치를 분리해요.

**5. 명주 짜기**
누에고치에서 뽑은 실을 베틀에 걸고 명주천을 짜요.

## 일본에서 전해진 오동나무 이야기

　오동나무는 가볍고 나무결이 일정해서 잘 뒤틀리지 않아요. 그리고 습기가 많은 곳에서도 잘 버티고 다른 나무보다 불에도 잘 타지 않지요. 보통 나무를 키워서 재목으로 쓰려면 30~50년은 키워야 해요. 하지만 오동나무는 보통 10~15년 정도면 거의 아름드리 나무로 자라고 줄기도 곧고 바르지요. 그러니 여기저기 쓰임이 좋은 나무가 될 수밖에 없어요. 거문고나 가야금 등 악기를 만들 때, 옷장을 만들 때도 오동나무는 빠질 수 없는 나무예요.

　옛날에는 딸을 낳으면 아버지가 오동나무부터 심었다는 말이 있어요. 15~16세면 시집을 가니 오동나무를 베어 옷장을 짜 줄 수 있다는 것이지요. 그런데 이 이야기는 일본 이야기가 마치 우리 이야기인 것처럼 잘못 알려진 거예요. 일본의 대표적인 오동나무 생산지인 동북 지방의 후쿠시마현 아이즈 일대에서 전해지던 이야기예요.

　조선 시대 때 우리나라는 유교의 영향으로 남존여비 사상이 아주 강했어요. 그래서 딸이 태어나면 축복하는 사람이 없었고, 엄마는 어른들 앞에서 고개를 들지 못할 정도였어요. 그런데 이런 사회 풍토에서 아버지가 딸을 위해 오동나무를 심으러 갔다는 것은 당시의 풍습과 맞지 않는 이야기예요.

오동나무와 오동나무 꽃(아래) ▶

# 향기를 풍기는 향나무

코끝으로 향긋한 냄새가 들어오면 기분이 상쾌해지지요. 그러나 먹고살기에 바빴던 옛날에는 일반 백성은 향을 즐길 수가 없었고, 왕이나 귀족, 부자들만 즐겼다고 해요. 그런데 향이 널리 퍼지게 된 데에는 불교나 기독교에서 종교 행사 때 향을 피우면서부터라고 해요. 종교의 발상지는 대체로 더운 지방인데 많은 사람이 모이다 보니 찌든 옷에서 풍기는 땀 냄새가 가득했어요. 그래서 냄새를 없애는 수단으로 처음 향을 피우기 시작했어요. 우리나라에서 향을 피우는 풍습이 생기게 된 것은 6세기 초 중국의 양나라에서 향이 들어오면서부터예요. 삼국 시대에 불교가 퍼지면서 손쉽게 구할 수 있는 향의 재료는 우리나라에

서는 향나무뿐이었어요. 향나무는 태워서 향을 내는 것뿐만 아니라 귀부인들의 장신구, 점치는 도구, 염주 알 등 여러모로 쓰였어요. 그 외에도 고급 조각재, 가구재, 불상, 관재 등으로도 애용되었지요.

그러나 세계적으로 최고급 향으로 알려진 향은 침향이에요. 동남아시아의 아열대 지방이 원산지인 침향나무를 베어서 땅속에 묻고 썩혀서 수지(나뭇진, 나무에서 분비하는 끈적끈적한 액체로 공기와 닿으면 산화해서 굳어져요.)만 얻거나, 줄기에 상처를 내서 흘러내린 수지를 모은 것이지요. 이 수지를 침향이라 하는데 옷에 향 냄새가 스며들게 하거나 태워서 향을 내는 방식으로 향을 즐기지요. 침향은 귀한 약재로도 이용되었어요.

▼ 향나무(천연기념물 158호)

## 적군을 막은 탱자나무

옛날에는 쳐들어오는 적군을 막기 위해 성을 높이 쌓았어요. 우리나라에도 크고 작은 성이 많이 있었어요. 지금까지 남아 있는 성은 문화재로 보존되고 있지요. 성벽은 높이 쌓아 적군이 올라오기 어렵게 만드는 게 기본이에요. 그리고 성 바깥을 빙 둘러 해자라 하여 못을 파고 물을 담아 두기도 했지요. 그래도 마음이 놓이지 않아서 더욱 성을 튼튼하게 하려면 성 밑에다 탱자나무를 심었어요.

탱자나무는 키 2~4미터 정도의 자그마한 나무예요. 보통 '가시나무'라고 할 때는 탱자나무를 가리킬 만큼 가시나무를 대표하는 나무이지요. 손가락 두 마디 정도 되는 날카로운 가시가 가지마다 빈틈이 보이지 않을 정도로 달려 있어요. 그래서 적군들이 탱자나무 가시를 밟고 성벽을 기어오르는 일은 가능하지 않았어요. 함부로 성을 공격할 수 없었으니 탱자나무는 나라를 지켜 주는 고마운 나무였답니다. 탱자나무로 둘러쳐진 성을 탱자성이란 뜻으로 '지성'이라고 했어요. 우리나라의 대표적인 지성은 충남 서산의 해미읍성이에요.

탱자나무는 과수원의 울타리로도 썼어요. 그 외 죄수를 멀리 귀양 보내고 집 안에서만 살도록 할 때도 집 주위에 탱자나무를 심었답니다.

▼ 탱자나무

## 훈장님의 회초리, 물푸레나무

조선 시대의 어린이들은 서당이라는 글방에서 공부했어요. 마을마다 있는 서당의 훈장님은 대부분 무서운 호랑이 선생님이었지요. 그래서 아이들은 공부를 조금만 게을리 해도 종아리를 걷고 회초리를 맞아서 회초리는 아이들에게 공포의 대상이었어요.

옛날 부모님들은 자식을 서당에 보내고 나면 해마다 가을에는 싸리나무 회초리 한 묶음을 훈장님께 드렸다고 해요. 새끼손가락 만한 굵기에 마디가 없고 곧은 싸리나무를 골라 회초리를 만들었지요. 이 회초리로 자식을 엄하게 가르쳐 사람답게 길러 달라는 뜻이었어요.

그런데 싸리나무는 아주 단단해서 맞으면 너무 아프고 상처가 날 수도 있었어요. 그래서 훈장님은 싸리나무 회초리는 부모님의 간절한 뜻으로만 받고, 실제로는 마당을 쓸 빗자루를 만들었다고 해요. 그럼 실제 종아리를 때릴 때는 어떤 회초리를 썼을까요? 덜 단단한 물푸레나무로 만든 회초리를 썼다고 해요. 물푸레나무는 여러 가지 농기구를 만들던 나무로 마을 주위에서 흔히 볼 수 있는 나무예요. 이렇게 제자를 사랑하는 마음을 담은 훈장님의 물푸레나무 회초리를 맞아가며 열심히 공부해서 과거에 급제하면 고향을 찾아 훈장님께 인사를 드렸어요. 그리고 회초리가 되어 주던 물푸레나무를 찾아가 큰절을 올리며 '물푸레나무님, 고맙습니다.' 하고 인사하는 것도 빠트리지 않았지요.

## 화석식물이란 어떤 식물이에요?

화석식물은 아스라이 먼 옛날 지구 상에 살아왔으나 지금은 화석으로만 남은 식물을 말해요. 살아 있는 식물의 조상이기도 하고 지금의 식물과는 전혀 상관이 없는 특별한 식물이기도 해요. 그래서 화석식물은 고생물학이라는 특별한 학문을 공부하는 사람들만 아는 식물이기도 해요.

그런데 '살아 있는 화석식물'이라고 부르는 식물이 있어요. 바로 은행나무예요. 2억 5천만 년 전부터 지구 상에 살아오면서 형제자매들은 모두 사려져 버리고 혼자 남았어요. 은행나무는 화석으로도 발견되는데 지금 모습과 거의 다름없답니다. 그 외 메타세쿼이아, 소철 등도 살아 있는 화석식물이에요.

▼ 은행나무(천연기념물 64호)

## 종이는 어떻게 만들어요?

전나무

오늘날 우리가 쓰는 종이는 전통 한지와는 만드는 방법이 전혀 달라요. 한지는 나무껍질을 이용하는데 비해 종이는 단단한 나무 자체를 이용해요. 나무는 바늘 굵기의 10분의 1, 길이는 2~4밀리미터 정도의 가늘고 긴 세포로 이루어져 있어요. 회학 약품으로 이 세포를 녹이거나 맷돌 비슷한 기구에 갈아서 접착된 부분을 떼어 내어 화학 펄프나 기계 펄프를 만들어요.

이 펄프를 얇게 펴 눌러서 말린 것이 종이에요. 따라서 종이를 만드는 나무는 일정한 크기의 가늘고 긴 세포가 많이 들어 있을수록 좋은 종이를 만들 수 있어요. 전나무나 가문비나무가 가장 많이 쓰이고 그 외 소나무 등 침엽수는 대부분 좋은 종이 재료가 되는 나무예요. 너도밤나무나 자작나무 등의 활엽수도 쓰이는데 색깔이 진한 나무는 적당하지 않아요. 하얀 종이를 만들려면 탈색 약품을 많이 써야 하기 때문이에요.

## '칡'과 '등나무'의 갈등

여러분은 옆자리 친구와 친하게 잘 지내나요? 가끔 마음이 맞지 않아 기분이 상할 때도 있을 거예요. 이런 일이 계속되고 서로 쳐다보기도 싫어지는 정도가 되면 갈등이 생겼다고 해요. 이 말은 한자말로 '갈(葛: 칡 갈)'은 칡을 뜻하고 '등(藤: 등나무 등)'은 등나무를 뜻해요. 둘 다 덩굴식물인데 자라는 성질이 아주 비슷하지요. 혼자는 일어서지도 못하면서 다른 나무를 칭칭 휘감고 올라가기 선수예요. 따로 따로도 휘감기로 이름을 날리는데 둘이 같이 만나면 어떻게 될까요? 서로 얽히고 설켜서 온통 난리가 나고 말아요. 칡과 등나무는 한번 뒤엉키면 한쪽이 죽어 버릴 때까지 싸움이 계속된답니다. 이렇게 싸우는 이유는 서로 이야기를 나눌 수 있는 통로가 없기 때문이에요. 그래서 사람과 사람 사이에 의견 차이가 생겨 여러 가지 일이 칡이나 등나무처럼 꼬여 있을 때 '갈등'이라는 말을 쓴답니다.

하지만 여러분은 친구와 대화를 할 수 있으니 갈등이 있다면 서로 대화를 해서 잘 풀어나갈 수 있을 거예요.

서로 얽혀 있는 칡과 등나무 및 등나무 꽃(아래) ▶

## 쌀나무에서는 진짜 쌀이 열리나요?

진짜 쌀이 달리는 것은 아니지만 쌀처럼 먹고 살 수 있는 양식을 제공해 주는 나무가 있어요. 야자나무의 한 종류인데 정식 이름은 사고야자나무예요. 나무의 줄기에는 거의 100킬로그램 정도의 녹말이 담겨 있어요. 쌀 한 가마가 넘는 엄청난 식량이 나무 속에 들어 있는 거나 마찬가지예요. 이 녹말은 밥처럼 그냥 먹거나 국수를 만들기도 해요. 또 빵의 원료로 쓰이기도 하고, 알코올을 뽑는 등 여러 가지로 쓰이지요. 인도네시아 동쪽 끝 말루카 섬에서 뉴기니에 걸쳐 자라는데 습기가 많은 곳이든 건조한 곳이든 잘 자라는 나무예요. 이 지역은 가난한 사람들이 많이 사는 곳이라 사고야자나무는 배고픔을 달래는데 큰 도움이 되지요. 그래서 이 나무를 빨리 키워 더 많은 녹말을 얻을 수 있도록 많은 학자가 연구하고 있어요. 우리나라에는 기후가 맞지 않아 이 나무가 자랄 수 없어요. 비슷한 경우로 우리나라에서는 옛날에 배고픔을 달래기 위해 칡뿌리를 씹었어요. 그러니 칡이 한국산 사고야자나무라고 할 수 있어요.

사고야자나무

## 정말 빵나무가 있나요?

태평양의 여러 섬에서 자라는 나무 중에 빵나무라는 이름을 가진 나무가 있어요. 식물학적으로는 뽕나무 무리에 들어가는 넓은잎나무예요. 열매살(과육)에는 녹말이 많이 들어 있어서 이것을 먹으면 충분히 배를 채울 수 있지요.

빵나무

현지 사람들은 이 열매를 썰어 구워 먹기도 해요. 빵이 주렁주렁 달리는 나무라니 생각만 해도 군침이 돌지요. 아프리카를 비롯한 가난한 나라의 어린이들이 빵나무에 달린 빵이라도 마음껏 먹을 수 있으면 얼마나 좋겠어요. 그러나 생각만큼 많은 양이 달리지 않아 실제로는 큰 도움이 안 된다고 해요.

우리나라 나무 중에서 이와 비슷한 나무를 찾는다면 밤나무가 있어요. 밤은 식량으로 대신할 수 있고 빵나무 열매와 비교할 수 있을 만큼 영양분이 풍부하지요.

# 3장
# 나무와 환경

나무는 이산화탄소를 흡수하고 산소를 공급하고, 홍수를 막아 주는 등 우리가 생활하는 데 아주 큰 역할을 해요.

## 나무를 심어 숲을 만들면 어떤 점이 좋을까요?

나무는 숲을 만들어 주며 숲은 생명의 근원이에요. 물이 없으면 사람이 살 수 없는 것처럼 나무 없는 인간의 삶은 상상할 수 없을 만큼 나무는 중요한 역할을 해요.

첫째, 숲은 광합성을 하면서 이산화탄소는 흡수하고 산소를 내뿜어요. 사람이 호흡을 하는 데 꼭 필요한 산소를 만들어 주는 셈이지요.

둘째, 물을 저장해 주는 댐 기능을 해요. 비가 오면 물을 저장해 두었다가 조금씩 내 보내는 일을 숲이 담당하지요. 우리나라처럼 여름에 비가 집중되고 나머지 계절에는 가뭄이 계속되는 나라에서는 정말 중요해요. 그리고 숲은 흙이 흘러내리는 것을 방지하여 농토와 집이 떠내려가는 것을 막아 준답니다.

셋째, 정서적인 안정을 준답니다. 숲에서 맑은 공기를 마시고 녹색을 바라보면 스트레스를 푸는 데 도움이 돼요.

마지막으로 나무는 죽어서도 사람들에게 봉사해요. 인류의 가장 오래된 집짓기 재료이며 각종 기구를 만드는 기본 원료이거든요. 나무는 이처럼 우리에게 꼭 있어야 할 귀중하고 영원한 친구랍니다.

# 세계에서 가장 크고 넓은 숲, 아마존 숲

아마존 숲의 범위

브라질을 비롯한 9개 나라에 걸쳐 있는 아마존 강 일대의 숲은 세계에서 가장 넓은 규모의 숲이에요. 우리나라 숲 면적과 비교한다면 무려 94배나 되는 약 600만제곱킬로미터에 달하지요. 이곳에는 약 24만 종의 생물이 사는데 이는 지구 상에 사는 동식물의 약 30~40퍼센트 차지한다고 해요. 적도가 지나가는 이 지역은 한 해에 평균 2천밀리미터 이상의 많은 비가 내리고 기온이 높아 전형적인 열대 우림이 만들어지지요. 따라서 모든 식물의 생장이 빠르며 종의 수가 많고 다양해요.

아마존 숲을 가리켜 '지구의 허파'라고 해요. 이곳에서 자라는 식물들이 이산화탄소를 흡수하고 산소를 내보내는 양이 엄청나서 모든 지구인이 숨 쉬고 살아갈 수 있게 해 준다는 거예요. 학자들은 필요한 산소량의 3분의 1정도를 아마존 숲에서 공급해 준다고도 해요. 세계의 녹색 지대인 아마존 숲의 나무를 모두 베어 내면 인류는 숨이 막혀서 죽어 버릴 것이라고 말하는 학자도 있어요. 약간 과장된 말이지만 그만큼 자연의 숲이 중요하다는 말이에요.

그런데 아마존 숲 면적의 약 반 정도를 차지하고 있는 브라질은 경제 개발을 한다는 이유로 계속해서 숲을 파괴하고 있어요. 경제 개발을 시작한 1960년대 이후 2000년대에 이르는 동안에만 우리나라 면적의 약 8배인 78만제곱킬로미터의 아마존 숲이 사라졌다는 통계도 있답니다.

▼ 아마존 숲의 삼림 보존 지역(왼쪽)과 파괴 지역(오른쪽)

## 비 오는 날 큰 나무 아래에 있으면 위험해요

 무더운 여름에는 큰 번개 구름이 발달하면 아주 높은 볼트의 전기가 발생해요. 땅에는 이에 맞설 만한 전기가 없으니 대기와 땅 사이 전기에는 힘 차이가 엄청 크지요. 평소에는 전기가 땅으로 흐르지 못하도록 막고 있던 공기층에 힘의 균형이 깨지면 번개 구름의 전기는 땅으로 내려가야 할 통로를 찾는답니다. 전기는 뾰족하게 높이 솟아 있는 금속 물체를 가장 좋아해요. 그래서 대도시에는 큰 건물이나 아파트 꼭대기에 피뢰침을 만들어 놓아요. 그렇지 않으면 아무 곳에나 함부로 번개가 내리치고 사람이 다치거나 불이 나는 등 위험한 일이 생

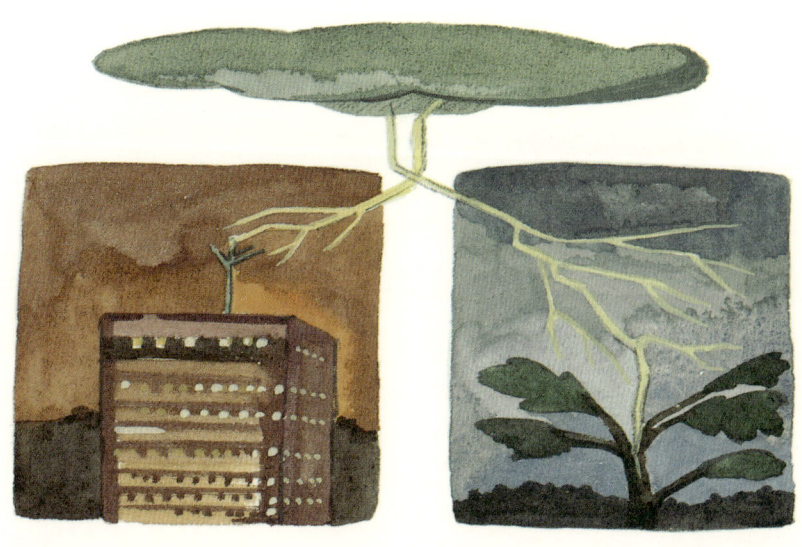

길 가능성이 커지지요. 그래서 번개가 피뢰침을 타고 땅으로 바로 내려가게 하는 것이지요.

  그런데 산속이나 넓은 들에는 피뢰침이 없으니 번개는 다른 물체를 찾는답니다. 이때 번개가 가장 좋아하는 통로는 높이 자란 나무예요. 일반적으로 살아 있는 나무는 수분이 많아요. 물은 번개가 좋아하는 통로이고요. 완전히 마른 나무는 거의 전기가 통하지 않아요. 하지만 속에 물이 많은 나무는 마치 굵은 전깃줄과 같아요. 그래서 큰 나무나 높은 곳에 자라는 나무를 타고 천둥 번개가 칠 때 만들어진 전기가 순식간에 땅으로 떨어져요. 그러니 번개가 치는 날 절대로 큰 나무 밑에 들어가면 안 된답니다.

▼ 번개 치는 밤

## 날씨를 예보해 주는 나무

　나무는 물과 햇빛으로 양분을 만들어 살아가니 주변 날씨에 예민할 수밖에 없고 기후가 조금만 변화해도 느낄 수 있어야겠지요. 그러나 사람들이 알아볼 수 있을 정도로 날씨를 예보하는 나무는 흔치 않아요. 우리나라 나무 중에는 황금소나무, 이팝나무, 참나무 등이 날씨 예보 능력을 가진 나무라고 알려져 있어요. 우리는 천기목 혹은 기상목이라고 하지요.

　황금소나무는 잎이 금빛을 띠는 소나무인데 색깔을 보고 앞으로의 날씨를 알 수 있다고 알려져 있어요. 이팝나무에 꽃이 많이 피면 풍년이 든다고 해요. 땅속에 수분이 많아 꽃이 많이 핀 것이니 앞으로 물 걱정을 하지 않아도 된다는 뜻이지요. 참나무 종류는 도토리가 많이 달리면 흉년이 든다고 해요. 참나무가 꽃가루받이를 하는 봄날 날씨가 가물면 화창한 날이 많아지고 그만큼 수정이 잘 이루어졌다는 뜻이거든요. 봄 가뭄이 여름까지 계속 될 것이라는 예보를 해 주는 셈이지요.

　그 외에도 배꽃이 많이 피면 그해는 비가 많이 온다고 해요. 이는 배꽃이 필 무렵 날씨가 좋았다는 것이고, 그해는 북태평양 고기압 세력이 강해져서 비가 많이 올 확률이 높아져요.

이팝나무 ▶

## 황사를 막아 주는 숲을 만들기 위해 어떤 나무를 주로 심나요?

황사는 중국이나 몽골의 매우 건조한 지역에서 발생해요. 원래 건조한 곳인데 겨우 풀이 자라는 지역에 가축을 키우고 무리하게 농사를 지으면서 차츰 사막이 되어가는 곳이지요. 이런 곳에 바람이 불면 아주 가는 모래 먼지가 높이 올라갔다가 기류를 타고 수천 킬로미터 떨어진 우리나라까지 날아 온답니다.

황사 먼지로 뒤덮인 하늘

황사를 막는 방법은 사막이 되어 흙먼지가 날아다니지 않게 땅의 표면을 풀로 덮거나 나무를 심어 고정하는 거예요.

지금까지 주로 심은 나무는 포플러 종류예요. 바둑판 모양이나 여러 줄로 심고 사이사이에 물을 주는 방식으로 진행하고 있어요. 건조한 곳에서도 잘 자라기 때문이지요. 나무가 바람을 막는 방풍림의 기능을 해 주면 성공한 거예요. 하지만 나무가 자리를 잡을 때까지 얼마동안 물을 계속 대 주어야 하고 엄청난 예산이 들어간답니다.

## 점점 줄어드는 토종나무

토종나무란 우리나라가 원산지인 나무를 말해요. 그런데 좁은 한반도만을 원산지로 하는 나무는 아주 적어요. 대부분 기후가 비슷한 중국과 일본에서도 함께 자라지요. 그래서 토종나무는 넓은 뜻으로 중국이나 일본에 있더라도, 예부터 우리나라에 자라고 있는 나무는 모두 포함해요. 이런 나무들을 그대로 두면 저희끼리 경쟁하여 잘 적응하는 나무는 많이 살아남고, 그렇지 못한 나무는 차츰 수가 줄어들면서 우리 땅에 맞는 숲을 자연스럽게 만들어 갈 거예요.

하지만 사람들이 숲을 잘 활용하려면 자연 상태 그대로 둘 수는 없어요. 잘 자라고 나무질이 좋아 쓰임새가 많은 나무를 심어서 사람들이 가구를 만들고 집을 짓는데 이용해야 하기 때문이에요. 그런데 토종나무에는 이런 나무가 많지 않아 새로 심는 나무는 대부분 수입 나무예요. 좋은 수입 나무를 심기 위해 토종나무 숲을 없애는 경우가 많지요. 그래서 토종나무로 이루어진 숲은 차츰 줄어들고 있어요.

## 자외선은 나무에게도 해로워요

빛은 파장에 따라 식물의 생장에 미치는 영향이 달라져요. 햇빛에서 광합성을 하게 해 주는 빛은 가시광선이며, 그중에서도 파장이 긴 붉은색과 노란색 빛이 가장 효과적이에요. 반면에 파장이 짧은 자외선은 식물의 생장, 특히 키가 자라는 것을 억제해요. 결국 사람과 마찬가지로 자외선을 과도하게 쬐면 좋지 않답니다.

높은 산의 나무는 대체로 키가 작아요. 이는 바람과 수분 부족, 낮은 온도 등 여러 가지 원인이 있는데 자외선이 강해서 그런 것도 있어요. 잎을 펼치고 있는 나무를 잘 보면 가지 끝에 달린 잎도 있고, 조금 아래쪽에 달린 잎도 있어요. 위쪽 잎이 강한 자외선을 막아 주고 자신은 광합성을 조금 덜 하더라도 밑의 잎들은 자외선을 덜 받게 막아 주는 역할을 하는 셈이지요. 우리가 야외에 나갈 때 선크림을 바르는 것과 같은 효과예요.

## 잎이 넓은 나무는 내뿜는 산소 양도 많은가요?

식물의 잎이 햇빛을 받아 광합성을 할 때 이산화탄소를 흡수하고 산소를 내보내지요. 반대로 밤에는 산소를 흡수하고 이산화탄소를 내보내고요. 이 일은 주로 잎의 뒷면에 있는 기공이란 숨구멍이 열리고 닫히면서예요.

나뭇잎이 내뿜는 산소의 양은 얼핏 생각하면 숨구멍의 숫자와 크기에 따라 달라질 것 같지요? 그러나 잎이 넓다고 해서 숨구멍의 숫자가 많고 크기가 큰 것은 아니에요. 같은 면적 안에서 좁은 잎은 개수가 많기 때문에 잎의 표면적을 따져 보면 넓은 잎보다 숨구멍의 숫자가 더 많답니다. 그러니 잎이 넓다고 산소를 많이 내뿜는 건 아니랍니다. 산소를 더 많이 배출하는 것은 단순히 숨구멍의 숫자나 크기가 아니라 광합성을 얼마나 활발하게 하는지에 따라 달라진답니다.

계수나무 잎

나무의 생태

## 이산화탄소를 특별히 많이 흡수하는 나무도 있나요?

　지구 상에 자라는 모든 녹색 식물의 잎은 대기 중의 이산화탄소를 흡수하여 광합성으로 생명을 유지해요. 광합성은 엽록소를 가진 식물이 태양의 빛에너지를 이용하여 물과 이산화탄소로부터 생명의 원천인 유기물(양분)을 합성하는 과정이지요. 특히 나무는 덩치가 크면 그만큼 이산화탄소를 많이 사용하기 때문에 다른 어떤 식물보다 많은 양의 이산화탄소를 흡수해요. 나무의 종류와 생육 상태, 나이 등에 따라 흡수하는 양은 차이가 나지요. 침엽수보다는 활엽수가 이산화탄소를 더 많이 흡수해요. 이는 활엽수의 잎 표면적이 훨씬 넓고 생장 활동도 더 활발하기 때문이에요.

백합나무 잎과 꽃

백합나무 수피

최근 연구 결과에 따르면 30년생 백합나무 1헥타르에서 1년 동안 흡수하는 탄소량은 6.8톤이라고 해요. 소나무는 4.2톤이라고 하니 1.6배나 더 흡수하는 셈이지요. 그 외 주변에서 가로수로 흔히 보는 플라타너스도 많은 양의 이산화탄소를 흡수하는 것으로 알려져 있어요. 대체로 생장이 빠른 나무들이 생리 활동이 왕성해서 이산화탄소를 많이 흡수한다고 볼 수 있어요.
　시기적으로는 봄에 싹이 트고 잎이 날 때가 가장 활발하게 흡수해요. 또 나이가 들어 자람이 쇠퇴하는 늙은 나무보다 젊은 나무가, 추운 지방보다는 더운 지방의 나무가 이산화탄소를 더 많이 흡수하지요.

▼ 플라타너스 잎과 열매

## 큰 나무는 어떻게 태풍을 견디나요?

나무의 세포는 대부분 두꺼운 세포벽이 있어서 웬만한 바람에는 넘어지지 않고 버틸 수 있어요. 하지만 두꺼운 세포벽만으로는 높이 수십 미터, 지름 몇 아름이나 되는 거대한 덩치를 지탱하기는 어려워요. 그래서 나무의 세포벽에는 셀룰로오스와 리그닌이라는 화학 물질로 보강 장치를 했어요. 셀룰로오스는 철근, 리그닌은 시멘트와 같은 기능을 해요. 콘크리트 벽을 생각해 보면 될 거예요. 그런데 단단하기만 해서는 센 바람에는 아예 부러져 버릴 수 있으니 헤미셀룰로오스라는 물질로 휠 수 있으면서도 질긴 보강 장치를 마련해 두었지요.

그래서 태풍이 불면 우선은 바람과 맞서서 버티고 그래도 힘이 모자라면 질기고 휘어지는 성질로 버텨요. 버틸 수 있는 한계점을 벗어나면 부러지지만요. 실제로 나무는 부러지는 경우보다 홍수로 땅이 물렁물렁해져서 뿌리가 아예 뽑혀 버리는 경우가 더 흔하지요.

# 숲 속의 공기는 도시보다 맑아요

　도시의 공기에는 0.001밀리미터 크기의 미세 먼지가 들어 있어 사람들의 건강을 위협해요. 그러나 숲에는 미세 먼지가 거의 없다시피 해요. 도시와의 거리, 숲의 면적, 나무의 크기와 종류에 따라 차이가 있지만 숲속의 공기는 언제나 깨끗하다고 보면 돼요. 숲에는 피톤치드라는 살균 물질과 음이온이 나오고 탄소 동화작용에 의해 항상 산소가 풍부해요. 시간이 날 때마다 숲에 가 보세요. 뇌의 활동도 활발해지고 몸도 건강해져요.

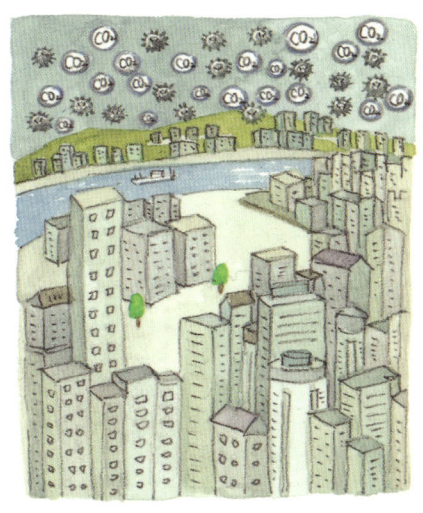

미세 먼지로 가득찬 도시

산소가 가득한 숲

# 숲 속의 질서를 어지럽히는 나무도 있어요

숲 속의 나무들이 살아가는 방식도 인간들과 크게 다르지 않아요. 대부분의 나무들은 적당히 경쟁하고 필요한 수분과 햇빛을 나누어 가지면서 사이좋게 지내지요. 그런데 나무 나라에도 '너 죽고 나는 살자'는 얌체가 있어요. 예를 들어 층층나무는 주위의 다른 나무보다 훨씬 빠르고 쑥쑥 자라면서 가지를 넓게 펼쳐요. 햇빛을 혼자만 많이 받겠다는 계산이에요. 또 이런 나무들은 소나무나 전나무처럼 사이좋게 모여 살지 않아요. 동족 간의 경쟁을 피하고 다른 나무를 제압하려니 외톨이로 한 나무씩 자라야 경쟁에 유리하거든요.

그 외 칡도 폭군나무에 들어가요. 어미나무의 줄기를 타고 올라가 꼭대기를 완전히 자기 잎으로 덮어 버린답니다. 그럼 어미나무는 광합성을 할 수 없게 되고 제대로 살아 갈 수가 없겠지요. 층층나무나 칡은 모두 혼자서 햇빛을 독차지하겠다는 놀부 심보를 가진 숲 속의 무법자 나무들이에요.

## 나무 한 그루가 내뿜는 산소의 양은 얼마나 되나요?

만약 나무가 전혀 없다면 사람을 포함한 지구 상의 모든 동물은 모두 숨 막혀 죽고 말 거예요. 그만큼 나무의 역할은 우리 생명과 연결될 정도로 중요해요. 대체로 생장이 왕성한 어린 나무가 늙은 나무보다 산소를 많이 내뿜어요. 또 잎이 좁은 바늘잎나무보다 잎이 넓은 활엽수가 산소를 더 많이 내뿜어요. 잎이 넓은 50년생 활엽수 한 그루는 열두 사람이 숨 쉬는데 필요한 양의 산소를 방출해요.

이렇게 사람에게 꼭 필요한 산소는 내놓고, 독이 되는 이산화탄소는 도로 가져가니 정말 나무 없는 지구는 생각도 할 수 없어요.

나무의 생태 119

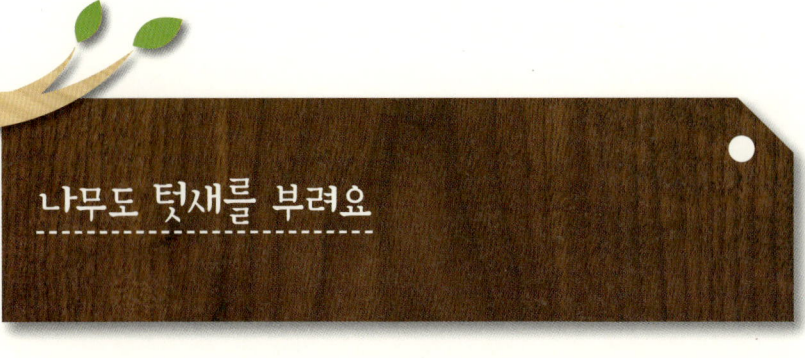

## 나무도 텃새를 부려요

　나무의 생활 터전인 숲은 서로 살기 위한 전쟁터와 같아요. 잠깐 한눈을 팔면 다른 경쟁자에 밀리기 십상이지요. 그래서 한번 자리를 잡으면 빨리 키를 키우고 가지를 넓게 펼쳐 그 밑에 다른 나무가 들어오지 못하게 훼방을 놓지요. 대부분의 바늘잎나무는 자기들끼리 떼거리를 만들어서 자라요. 소나무숲에는 온통 소나무만 있고 다른 나무들은 거의 만날 수가 없어요. 이게 바로 텃새예요. 그나마 여러 종류가 섞여 살아가는 넓은잎나무는 텃새가 조금 덜한 편

이에요.

어떤 나무들은 자기 종족 이외에는 자라기 어렵게 하는 물질도 분비해요. 일본목련이나 편백나무는 뿌리에서 다른 식물의 씨가 싹트는 것을 훼방 놓고, 혹시 싹이 터도 잘 자랄 수 없는 물질을 내 보내요. 그도 모자라 낙엽에 이런 물질을 섞어 놓기까지 하니 '너 죽고 나만 살자'는 얌체 심보예요.

▼ 편백나무 숲

## 추운 겨울을 나무는 어떻게 버티나요?

　세상이 꽁꽁 얼어 버리는 겨울이 오기 전에 나무들도 겨울을 날 준비를 한답니다. 한낮 온도가 영하 40도 이하로 내려가는 시베리아 벌판의 나무들은 겨울을 어떻게 보낼까요? 자작나무, 가문비나무 등 한대 지방에 자라는 나무들은 이런 추위를 잘 견디지요. 시베리아만큼은 아니지만 우리나라의 겨울도 몹시 추워요. 그러니 겨울을 날 채비를 단단히 해야 해요.
　첫째, 추울 때 사람들이 외투를 입듯 껍질로 나무 주위를 빈틈없이 둘러쌓아

요. 이 껍질은 코르크처럼 열전도율이 매우 낮고 제법 두툼해요.

다음은 나무속에서 변화가 일어나요. 나무가 살아가는 근원인 부름켜 세포들도 가만 있지 않아요. 날씨가 따뜻할 때 세포의 원형질은 말랑말랑하여 활동하기 편한 상태예요. 그러나 겨울이 되면 원형질이 약간 뻑뻑한 겔 상태가 되고 당분도 많아져요. 겨울 동안은 자라는 것을 멈추고 움츠린 채 버티겠다는 셈이지요. 이렇게 두 가지 방법으로 나무들은 겨울을 넘기고, 따뜻한 봄을 다소곳이 기다리고 있답니다.

▼ 시트카가문비나무

# 몸에 좋은 삼림욕은 어떤 나무로 해야 하나요?

　삼림욕은 숲속의 맑은 공기를 들이마시면서 몸과 마음을 깨끗이 한다는 뜻이에요. 몸이 아픈 사람이 숲속에서 삼림욕을 하면 건강을 빨리 회복한다고 알려져 있어요. 나무에서 나오는 피톤치드라는 물질 때문이지요.

　식물은 자기를 보호하기 위해 살균 작용을 하는 여러 가지 성분을 주위에 내뿜어요. 이 물질이 사람에게 나쁜 병균을 죽이는 역할도 해요. 피톤치드는 숲에 자라는 모든 식물에서 다 나오는데 전나무, 삼나무, 편백나무, 소나무 등 바늘잎나무에서 더 많이 나와요. 특히 편백나무는 다른 바늘잎나무보다 세 배나 많은 피톤치드를 발산해서 편백나무 숲은 삼림욕장으로 인기가 높아요.

# 물이 부족한 사막에서 자라는 선인장

　사막은 물과 양분이 부족해서 식물이 살아가기 어려운 환경이에요. 그런데 일부 식물은 물만 충분하다면 살 수 있어요. 사막에서 자라는 대표 식물은 선인장이에요.

　선인장은 잎이 넓지 않아요. 대신 잎이 퇴화한 날카로운 침이 있어요. 이 침은 선인장 속의 수분이 날아가는 것을 막고 동물의 침입을 막기도 해요. 그리고 잎이 담당하던 광합성은 줄기가 대신해요. 줄기는 두껍고 육질이 많으며 비가 올 때는 수분을 저장하는 작은 방 모양이에요. 또 표면에는 깊은 주름을 만들어 주변의 복사열 때문에 온도가 올라가지 않도록 체온을 조절하는 역할을 해요. 이렇게 수분을 확보하고 저장하는데 온갖 정성을 쏟은 덕분에 선인장을 비롯한 일부 식물은 사막에서도 살아남을 수 있답니다.

선인장

선인장 단면

## 나무들은 주변의 온도를 내려요

무더운 여름날 목욕을 하고 선풍기 바람을 쐬어 본 경험이 있나요? 평소보다 훨씬 시원했을 거예요. 몸에 묻은 물이 증발하면서 열을 빼앗아 가기 때문이에요. 나무가 많은 숲속이나 큰 나무 밑이 주변보다 시원한 것도 같은 원리예요.

나무는 여름날 잎에서 활발한 광합성을 하면서 많은 양의 물이 필요해요. 뿌리에서 흡수된 물은 줄기의 물관부를 통해 잎까지 올라오고, 잎의 숨구멍을 통해 세포에 있던 물이 공중으로 증발하지요. 따라서 없어진 물을 보충하기 위해 물관을 통해 계속 물을 끌어 올려야 해요. 여름에는 광합성 활동이 활발하게 이루어지면서 물이 많이 증발해요. 이때 열도 함께 빼앗아가므로 숲이나 나무 아래는 주변보다 온도가 낮아요.

## 숲은 거대한 녹색 댐이에요

　숲은 말 그대로 '녹색 댐'이에요. 저수지처럼 빗물을 가두어 두었다가 일 년 내내 일정한 양을 조금씩 내보내기 때문이에요. 숲에는 맨 위쪽에 잎을 잔뜩 펼친 큰 나무가 있고 바로 아래에 좀 작은 나무가 있어요. 바닥에는 풀이 자라고 땅에는 낙엽이 두껍게 쌓여 있어요. 낙엽은 아래부터 차츰 썩어서 흙과 어우러져 마치 스펀지처럼 되지요. 빗물이 숲에 도달하면 나무나 풀을 타고 땅에 내려와 스펀지가 꽉 찰 때까지 물을 머금어요. 1년 동안 우리나라 숲에서 저장할 수 있는 물의 양은 약 180억 톤으로 인공 댐에서 저장할 수 있는 126억 톤보다 훨씬 많답니다. 이 녹색 댐은 세찬 빗줄기가 땅에 바로 닿아 흙이 흘러내리는 것도 막아 준답니다. 빗물이 나무의 잎사귀에 먼저 닿아 세기가 줄어들고 가지와 줄기를 타고 아래로 흘러내리니 흙탕물을 만들 염려도 없지요.

## 바위 위에서 살고 있는 나무는 어떻게 뿌리를 내렸나요?

바위는 오랜 세월이 지나면서 풍화 작용으로 작은 틈이 생기고 안에 흙이나 모래가 된 바위 조각이 들어 있어요. 식물의 씨앗은 운 나쁘게 이런 곳에 떨어져도 본능적으로 자라기 시작해요. 우선 뿌리가 뻗을 공간부터 확보한답니다. 단단한 바위를 직접 뚫을 수는 없거든요.

그래서 여러 가지 원인으로 생긴 바위 틈새기를 잘 활용해요. 먼저 기후 변화에 따라 바위가 수축과 팽창을 반복하면서, 틈새기에 들어 있던 물이 얼고 녹을 때 바위는 조금씩 갈라져요. 또 빗물에 들어 있던 여러 성분이 바위를 조금씩 녹이기도 하고요. 이렇게 조금씩 약해진 틈새기에 뿌리를 뻗고 공간을 조금씩 넓혀 가면서 아주 어렵게 살아가요. 소나무나 향나무처럼 건조한 곳에서도 잘 견디는 나무는 이런 바위틈에서도 수백 년을 살 수 있어요.

## 숲은 살아 있는 방음벽이에요

천정에 구멍이 숭숭 뚫린 흡음판이 붙어 있는 걸 본 적이 있을 거예요. 여러 가지 소리를 줄여 주기 위한 장치예요. 또 고속도로를 달리다 보면 길 양옆에 직사각형 금속판이 세워져 있지요. 이것도 자동차 소음을 줄이기 위한 장치예요.

숲은 이런 방음벽의 기능을 해 준답니다. 나무는 자라면서 잎이 달린 나뭇가지가 켜켜이 중복되어 뻗지요. 여기에 소리가 부딪치면 작아지는데 숲이 우거질수록 그 효과는 더 커져요. 그래서 숲은 살아 있는 천연 방음벽이에요.

## 플라타너스는 공해나무가 아니에요

플라타너스, 우리말 이름은 버즘나무에요. 자동차 매연에도 아랑곳하지 않고 잘 자라며 잎사귀가 넓어서 여름 뙤약볕을 피하기에 좋은 나무예요. 그래서 플라타너스는 가로수로 제격이어서 세계 여러 나라에서 널리 심는답니다.

몇 년 전 플라타너스에서 나오는 이소플렌이란 물질이 오존을 생성하는 주요 원인이라는 발표가 있었어요. 사람들은 당장 난리가 났어요. 하지만 사실은 정반대랍니다. 플라타너스가 다른 나무에 비해 이소플렌을 조금 많이 내뿜는 것은 사실이지만 적어도 온도가 30도 이상은 되어야 오존으로 변한답니다. 그리고 플라타너스가 자체적으로 오존을 흡수하는 양은 오히려 다른 나무보다 높아요. 느티나무의 2.5배, 은행나무의 5.5배나 된다고 해요. 그러니 플라타너스는 오히려 도시의 오존을 감소시키는 효과가 더 크고 공해를 발생하는 나무가 절대 아니에요.

가로수로 심은 플라타너스

| 초등 교과연계 | |
|---|---|
| 3-1 과학 | 4. 지표의 변화 |
| 4-1 과학 | 2. 식물의 한살이 |

나무박사 박상진 교수의 재미있는 나무 이야기
# 오자마자 가래나무 방귀 뀌어 뽕나무

1판 1쇄 발행 | 2014. 1. 6.
1판 6쇄 발행 | 2016.10.20.

박상진 글 | 김명길 그림

발행처 김영사 | 발행인 김강유
등록번호 제 406-2003-036호
등록일자 1979. 5. 17.
주소 경기도 파주시 문발로 197(우10881)
전화 마케팅부 031-955-3102 편집부 031-955-3113-20
팩스 031-955-3111

ⓒ 2014 박상진

값은 표지에 있습니다.
ISBN 978-89-349-6553-4  73480

좋은 독자가 좋은 책을 만듭니다. 김영사는 독자 여러분의 의견에 항상 귀 기울이고 있습니다.
독자의견전화 031-955-3139 | 전자우편 book@gimmyoung.com
홈페이지 www.gimmyoungjr.com | 어린이들의 책놀이터 cafe.naver.com/gimmyoungjr

⚠주의 책 모서리에 찍히거나 책장에 베이지 않게 조심하세요.

● 사진제공

박상진
13쪽(소나무), 14쪽(자귀나무), 16(주목과 눈주목), 18쪽(편백나무 수피, 소나무 수피), 22쪽(찔레꽃), 23쪽(꾸지뽕나무 가시), 26쪽(단풍나무 열매), 31쪽(단풍으로 물든 복자기 나무), 32쪽(금강소나무, 소나무 잎), 33쪽(느티나무, 느티나무 잎), 36쪽(동백나무 꽃), 38쪽(고로쇠나무 수액을 채취하는 모습), 39쪽(고로쇠나무), 40쪽(배롱나무 열매) 41쪽(배롱나무 껍질과 배롱나무 꽃), 42쪽(칡), 45쪽 (겨우살이), 46쪽(소나무 수꽃), 47쪽(네펜데스), 55쪽(연리지와 연리목), 57쪽(오리나무), 59쪽(굴참나무), 60쪽 (대추나무 열매), 62쪽(음나무 가시), 65쪽(무궁화), 66쪽(가래나무), 68쪽(쉬나무 잎과 꽃, 쉬나무 열매), 70쪽(활석), 74쪽(대나무), 76쪽(자작나무 수피), 77쪽(자작나무 숲), 79쪽(벚나무 껍질, 산벚나무 꽃, 팔만대장경판), 81쪽(계수나무), 83쪽(소나무 숲), 85쪽(뽕나무), 87쪽(오동나무와 오동나무 꽃), 89쪽(향나무), 91쪽(탱자나무), 93쪽(물푸레나무), 94쪽(은행나무), 95쪽(전나무), 97쪽(서로 얽혀 있는 칡과 등나무, 등나무 꽃), 109쪽(이팝나무), 114쪽(백합나무 잎과 꽃), 115쪽(플라타너스 잎과 열매), 121쪽(편백나무 숲), 130쪽(가로수로 심은 플라타너스)

안현아
17쪽(플라타너스 수피, 물박달나무 수피), 25쪽(대나무), 35쪽(가을 낙엽), 36쪽(동백나무 열매), 43쪽(칡꽃), 46쪽(소나무 암꽃), 58쪽(도토리), 77쪽(자작나무 잎), 102쪽(숲), 113쪽(계수나무 잎), 114쪽(백합나무 수피), 125(선인장, 선인장 단면)

김성철
53쪽(용문사 은행나무),

연합뉴스
105쪽(아마존 숲)

포토스탁
107쪽(번개 치는 밤), 110쪽(황사)

나사
104쪽(아마존 숲의 범위)